從「托派」到軍統特務

梁幹喬的跌宕一生

梁幹喬 原著
趙龍文 選輯
蔡登山 主編

導讀：從「托派」到軍統特務：梁幹喬其人其書

蔡登山

聽聞梁幹喬這個名字，是在七年前，那時我正在編局外人（筆名，至今不知何人）寫的一系列文章（書出版時名為《戴笠與十三太保》），其中有一篇〈由戴雨農、胡宗南說到梁幹喬〉。一九三二年，蔣介石授意其心腹、黃埔畢業生賀衷寒、鄧文儀、康澤、桂永清等人成立特務組織「中華民族復興社」（仿照法西斯特務組織義大利黑衫黨、德國褐衫黨，又稱「藍衣社」），由蔣介石核定幹事十三人為該組織骨幹，被稱為「十三太保」。具體哪十三人，說法不一，有說賀衷寒、鄧文儀、康澤、桂永清、劉健群、潘佑強、鄭介民、葛武棨、梁幹喬、蕭贊育、滕傑、杜心如、胡宗南等十三人；也有說劉健群、賀衷寒、鄧文儀、康澤、桂永清、酆悌、鄭介民、曾擴情、梁幹喬、蕭贊育、滕傑、戴笠、胡宗南等十三人。不管哪種說法，梁幹喬都是名列其中的。

梁幹喬（一九〇三－一九四六），廣東梅縣人，一九二四年春隨父赴廣州經營商業，同年四月由國立廣東大學校長鄒魯及廣東大學法學院院長梁龍保薦投考黃埔軍校，同年五月考入黃埔軍校第一期第三隊學習。一九二六年冬，梁幹喬等一批黃埔軍校一、二、三期畢業的同學被保送到原蘇聯莫斯科中山大學學習（其中就有後來與他並稱為復興社「十三太保」的同期同學蕭贊育、賀衷寒、鄧文儀；二期的鄭介民、三期的康澤；另外還有張炎元，還有後來成為國民黨憲兵創始人之一的張鎮及抗日名將左權）。在蘇聯，梁幹喬最大的收獲就是接受了托洛茨基的主張，成為一名「托派」。一九二七年十一月七日（俄曆十月二十五日）「十月革命十週年紀念」，莫斯科舉行盛大的閱兵式，梁幹喬在活動中用俄語高呼支持托洛茨基的口號，當場被捕入獄，後被遣送到西伯利亞做苦工，其後他通過假護照並買通看守，逃回國內。

在「紅場事件」後，被蘇聯遣返回國的中國學生有十多人。他們回國後，被中共中央委派了工作。梁幹喬曾經是廣東省委委員，在廣東東江一帶工作過，於是中共中央就派梁幹喬到廣東海陸豐協助澎湃進行農民運動。但在一九二八年十二月初，梁幹喬即擅自離職，前往上海祕密參加托派組織「中國布爾什維克列寧主義反對派」成立的會議。該組織由區芳、梁幹喬、陳亦謀發起。梁幹喬為此起草了政治綱領，還被委派為華南方面的負責人。這是中國的第一個托派組織，梁幹喬等人也成為中國最早的托派。該派信奉托洛茨基的理論和主張。領導機關是「全國總幹事會」。該派形成後，以托派「正統」自居，主要在上海、北平、華南、山東、武漢、香港等地的中國共產黨內同他們觀點相近的人中，以及大中學校的學生、工廠工人中進行活動。他們於一九二九年四月十六日出版地下刊物《我們的話》。因此這一組織也被稱為「我們的話派」，「我們的話派」翻譯出版托派反對派的文件、托洛茨基的文章，在中國共產黨內傳播，起到很大的作用。

一九二九年九月，召開全國第二次代表大會。同年秋，梁幹喬和區芳因在聯合「陳獨秀派」問題上發生爭執，梁幹喬將該派所有通信處和與托洛茨基聯絡地址，以及「二大」通過的組織決議案席捲而去。區芳以「全國總幹事會」的名義，於一九三〇年二月給梁幹喬以「警告處分」，並發動該派對梁幹喬實行圍攻。一九三〇年四月二十五日，總幹事會分別致函梁幹喬和張師，指責他們自動辭職，並席捲所有通訊地址，造謠攻擊總幹成員，要求他們在一星期內聲明改正。五月一日，「我們的話派」總幹事會召集總幹、上海區幹、組長聯席會議。梁幹喬和張師在會上不承認錯誤，並提出「打倒總幹」。會議決議：開除梁幹喬和張師。

自此，梁幹喬和張師離開托派，梁幹喬參加托派活動數年，生活上困頓不堪，加之沒有成為托派的領導人，感到沒有出路，於是他糾合陸淵等人跑到南京投靠了國民黨當局。梁幹喬投奔國民黨後，寫了一篇名為《回憶與展望》的文章，公開發表聲明，聲稱共產主義不符合中國國情。算是和自己的托派生涯告別，此次特別收入集子，這篇萬餘字的文章是他個人生涯中相當重要的記憶。

梁幹喬「背叛」後，首先以曾是廣州黃埔軍校一期同學的身份，投靠戴笠，那時蔣介石正在籌組法西斯組織「復興社」，戴笠正在為蔣介石籌建軍統特務機構的前身「復興社特務處」；於是梁幹喬先後擔任第三科（交通科）科長和特務處書記長，成為軍統開創時期十名骨幹之一，即後來俗稱的軍統「十人團」成員。他還是籌備組建「復興社」的「十三太保」之一；他在特務組織中，以研究反共政策著稱，由於反共有功，受到戴笠的「器重」，一度任特務處南京總處的書記長，主持特務組織內部的工作。抗日戰爭爆發後，他任特務處鄭州辦事處主任時，因企圖發展個人勢力，受到戴笠的忌恨和箝制，自此以後，梁幹喬與戴笠決裂，後來他對軍統的活動也很少主動參與。

脫離了戴笠特務組織的梁幹喬，再次投奔了康澤，幹了幾個月，他覺得很是無味，遂在一九三八年八月中旬跑到西安，投靠胡宗南，任該部政治部主任，專門從事破壞陝甘寧邊區延安的反革命活動。

一九四〇年十月，梁幹喬調任胡宗南在西安成立的「國民政府軍事委員會陝西省軍隊組訓民眾動員指揮部」參謀處處長，企圖實行軍民一體，逐步吃掉陝甘寧邊區。為此，梁幹喬使出渾身解數，為胡宗南控制淳化、耀縣地區效力，卻不料一九四五年六月二十六日，梁幹喬部的耀縣警備營營長劉文化率士兵一部，向陝甘寧邊區警備一旅三團二營投誠，與此同時，高里鎮碉壘守敵一個排的士兵將敵排長綁了起來，也向赤水保全大隊投誠。胡宗南聞訊後，怒氣大發，狠狠地訓斥了梁幹喬一頓。同年七月晉陝監察使童冠賢以「破壞行政，縱屬殃民」等六條罪狀彈劾梁幹喬。此前，梁幹喬的身體健康狀況就不佳，經過這一番罷官、彈劾，他精神大受打擊，遂一病不起，一九四六年一月八日在西安病逝。

《梁幹喬遺作集》是由戴笠與胡宗南的左右手——趙龍文裒集遺稿，並寫有白話傳記，在傳文脫稿時，梁幹喬錫書名曰《火焰的人生》，後來在梁幹喬去世後次年才由上海中華書局出版。直到一九六五年十二月又自印並改成今名。趙龍文在再版序中說：「今距君易簀之日，忽忽二十年矣。爰蒐補賸稿，由在臺友好醵金為之再版，而責序於余，余唯君在九泉，不可復作，而遺作猶可激勵人心也，遂不辭而為之序。」而再版時更加入他與嚴靈峰書信十四封，此為嚴靈峰所提供，是初版所無的。

嚴靈峰（一九〇三－一九九九）一九二八年在莫斯科東方大學畢業，是蔣經國的同學。後來成為托派、軍統特務、現代著名學者。他在再版校後記說：「幹喬與余二十年道義之交，精誠無間；『人之相知，貴相知心』；有以也夫！俞季虞、周天僇俱係留俄同學，季虞於民國三十八年一月二十七日乘太平輪由滬來臺，全家罹難；天僇亦於上海淪陷不久，以細故在法租界寓所被其族侄所戕。是皆志節堅貞有為之士，竟皆不得善終。人生到此，天道寧論！眷念故人，風流雲散；欲求取善輔仁，推心置腹之人，直如鳳毛麟角。」他特別稱讚梁幹喬說：「謀國之忠，待友之誠，與夫進德修業之勤，在朋輩中殊不多覯。」「其操守之廉潔，處事之嚴正；固為人所共知也。」但最後卻「無辜遭僉人之謗，竟一怒嘔血，馴至臥床不起；良可哀也已！」

嚴靈峰也談及梁幹喬「及長，懷攬轡澄清之志，觀其所為詩、文，即可窺其人格。」「雖在顛沛困厄之中，軍書旁午之時，始終手不釋卷。」嚴靈峰當時已經寫成《老子章句新編》，曾寄給梁幹喬，梁幹喬回函說：「弟未深究《老子》，惟三數年來專讀《莊子》，頗有新見地；大有一掃郭子玄以來一切《註》、《疏》、《解》、《釋》者謬說之概。最近擬先將《莊子》中之〈齊物論〉加以新釋出版，故亦擬自附於吾兄之後，而為『老、莊』之徒也。」

此〈齊物論新釋〉，後來並沒有單獨出版過，可能是篇幅太少之故，但此篇卻有不少他新的見解，尤其他取西方佛洛伊德的心理學來對照，得出不少新的啟發，他說：「至於《莊子》，則一字、一句、一點、一鈎，弟亦留意，且曾研究之。現搜集《註》、《疏》、《解》、《釋》，板本三十餘種，潛心研究之後，深覺無一人能依稀得漆園（按：指莊子）本旨也。惟章太炎依據佛典以釋〈齊物論〉，略有所窺；雖亦如『貓抓熱粥』，嘗嘗輒止耳；望道未見也。抑漆園之學，乃以心理學為基礎之人生哲學也。此除章太炎略窺一二外，自郭子玄以降，竟有一人能悟知者，亦可怪矣。」

而在新釋〈齊物論〉的過程中，他指出歷年解釋《莊子》者之缺陷，端在不知《莊子》所用之術語，例如：「非『彼』無『我』，『我』無所取『是』；亦近矣」此句，歷來註釋者，均讀為「非彼無我，非我無所取；是亦近矣。」首先斷句就錯了，而竟然無一人知「彼」、「我」、「是」為何意義。梁幹喬認為：「彼」者，蓋指人類本性，相當於現代心理學之所謂「潛意識」；「我」者，為後天形成之心系統，相當於「自我」；「是」者，相當於思想系統（知覺意識）。而歷年來把彼當作他，把我當作個體的自己，把是作虛字連下讀。如此怎能瞭解到莊子的意旨乎？

本次重新出版，除重新打字排版外，其中〈齊物論新釋〉為讓讀者更清楚，《莊子》

的原文以粗黑體標示外，每句每句分開各成一段，較之原來版本更為彰顯而易讀。另外編者找到梁幹喬發表在《蘇俄評論》第一卷第三期（一九三一年十二月一日）的長文〈回憶與展望〉，此文對於梁幹喬人生的轉變有多所著墨，可視為其回憶錄之一部分，可惜的是當年再版時不知是避諱，還是其他原因而漏收，如今做一增補，讓該書更為完整。

再版序

趙龍文

梁幹喬兄，忠藎有幹濟才，民國三十五年一月嘔血死。胡公宗南深痛之，嘗謂余曰：此黃埔之龍象也，不可無傳，囑余裒集遺稿，為白話傳記，冀能激勵後死，為國效命，以繼君遺志也。傳文脫稿，公錫書名曰《火焰的人生》，取君遺書中語也。大陸變色，友人憶君動員名句，常以君不克展其抱負，賚志以歿為可哀。今距君易簀之日，忽忽二十年矣。爰蒐補賸稿，由在臺友好醵金為之再版，而責序於余，余唯君在九泉，不可復作，而遺作猶可激勵人心也，遂不辭而為之序。

代序　梁幹喬先生小傳

趙龍文

黯淡的黎明

中華民國三十五年一月八日。

漫漫冬季的長夜，剛快過去，窗戶外面依然是陰沉沉地，朔風依然哀號，除了偶然聽見雞啼一二聲外，整個西安城，沒有一點聲音！樓上孤燈一盞，一位滿身傷痕的志士，在昏厥以後，似乎迴光返照模樣張開了眼睛。

「幹喬！幹喬！你……」床沿上伏著啼泣的妻，驀然看見他張開了眼睛，連忙叫他。

「……」由肺結核而喉頭結核的他，張口而不能成聲。

這時只有喘氣的份兒了！可是他掙扎著，他要等共同奮鬥的朋友來！他願意妻的頭髮、臉、手，接觸著他的手。他不信他會死；他始終相信他的願力會克服病魔的。

夜神漸漸走了，光明一點一點地展開了，他期待著的同志聞信遠道趕來了。「忍死須臾待杜根」，在迴光返照的時候，肝膽相照的朋友們陸續地來了！牀面前屹然站著的胡將軍，終於最後見到一面，默默地代表千萬同志的精誠，祝福他靈魂的安謐；身體魁偉的范參謀長，坐在床頭上，盡了他最後的鄉誼；他的夫人拿了他的手伏在床沿上哭乾了眼淚，這一生為三民主義奮鬥對動員工作最有貢獻的梁幹喬，就這樣得到最後的安慰而與世長辭了！

靈車由同志們執紼，青年團員的會葬，把忠骸長埋在翠華山下一個公墓裏。翠華山自西南迤邐而來，公墓在這山脈支麓的一個高原上，青翠的松柏園繞著墓前一條流水，終年波濤澎湃地，陪伴這寂寂的墳地。

「像幹喬這樣火焰一般的好漢，竟寂寂而去了嗎？」在墳前巡禮的同志們這樣憑吊著。

不！不會的！幹喬的肉體，像火焰的本身，終要熄滅的。可是，以他在世時的火焰，已經點燃了多少同志的內心，這一群同志的火焰，永遠不會熄滅的！尤其是他所創造的動員理論和方法，經過長時期試驗成功了的，可作為建設三民主義的國家，一個最有效的具體方案，一定可以風行天下，使他成為國民黨的史他哈諾夫的。

不錯，史他哈諾夫只增加了一點生產，便成為勞動英雄，成為萬萬千千人們所膜拜的英雄！梁幹喬呢？他發明了一面抗戰，一面增加生產，一面改造社會的方案，卻受到反對勢力的排斥，敵黨的揶揄，嘔血而死，好像絕不相同。可是死得這樣壯烈，悽慘，使萬千同志懷念他，繼他起來奮鬥，使這黯淡的黎明，成為大放光明的前奏，那這一死的作用，與耶穌的十字架又有什麼兩樣？

目次

書信

少年時代

大塘唇[1]

太陽快下山了！門樓[2]前面坐著補網的老漢，用手遮著太陽，向西南的大路上一望，喃喃自語：「昭桂[3]這孩子，怎麼還沒有回來？」

「松口墟散了好久了！終是今天的魚沒賣完，你一定要今天補完這口網！」在門樓內切魚草的媽媽，更關心昭桂的遲歸。

「原是他一定要去的，他說爸爸老了，這賣魚的事，他也幹得了！再說，網補好了，明天打一天魚，後天趕溫家的喜事去。」

「你看左鄰那一家，昨天送孩子到東洋去念書了！真是的，人比人，氣死人！」

1 大塘唇在廣東梅縣松口鎮東北三里。
2 幹喬家前院無圍牆，僅一門樓，門樓前為一大地。
3 昭桂，幹喬原名。

「你說昌裕家嗎？唉！人家也因為溫翰林有功名，自家雖有錢也打不贏官司，這才發了狠，叫孩子到東洋去呀！」

「牆根邊邊給人家挖了個洞，卻拼命拿上千銀子打官司，打輸了，又拿上千銀子叫孩子上東洋，有錢人，總有辦法，像我們家，屋頂給人家踹個洞，也沒法！像昭桂這樣，文章老給老師拿去貼在牌子上，那個老師不說他聰明，學問好！現在好容易供到松口公學，畢了業，你又說要送到鹹魚店去學生意！」

「唉！這叫做命不由人！」

老人家把網補好了，伸了一伸腰，又挑著一擔魚草，到村子北面自己租的大塘去餵魚去了，媽看看老人家傴僂的背影，不由得掉下淚來，邊拭著眼淚邊走到廚房去。

這披屋向左歪著，常漏水的泥地上，薄薄長了一層青苔；把米甕揭開一看，只剩得一頓稀飯米了。

門外瞥見了一條影子。

「媽！我回來了！」

媽媽連忙摸到門口，踏上一腳青苔，幾乎滑了一交！

「你回來這樣遲！」雖然埋怨著，卻掩不住她的喜悅；昭桂一面把一袋米沉沉地往地上一放，一面揩著額角上的汗珠。

「今天的墟散得很早，魚卻還沒有賣掉一半！爸爸說要買一點米回來，這才把我急了，只好挑上魚送到南頭的鹹魚店去，表哥又不在家，夥計們看見我年輕，又是倒擔貨，只管殺價！一直等到表哥回來，才倒了擔，半賣半送的！媽！這是五斗米，這是五塊大洋，表哥說：『不看你們明天沒有米，我還不買這倒擔貨呢！』你看氣不氣！」

媽媽絞了一冷手巾，遞給他。

「揩揩汗！這也怪不得人家，夏天的倒擔貨人家最不稀罕，做買賣的怕不新鮮，醃不好。」

「這鹹魚店的一幫都討厭，怪聲怪氣的！」

「莫罵人！爸爸說，書供不起了，要送你到表哥那裏去學生意去。」

「鹹魚店學生意去？我不去！他們那副怪樣子受不得！那種臭味聞不得！」

「你也長這麼大了！受不得也得受，聞不得也得聞。爸爸老了，做買賣掙錢多，總比打魚的有一頓沒一頓來得強！」媽媽想起那傴僂的影子來，又掉下淚了。

昭桂懷著一肚子悶氣，慢慢地走出了廚房，折到正房去。

「昭桂在家嗎！」

原來同學的來了。

「這樣黑，還沒有點燈？」

「燈移到灶間去了，良儒，坐下談談，要不然到灶間去。」

「不，這裏也好，我今天給你道喜。」

「什麼喜？」

「你昨天在松口公學畢業了，這暑假到廣州考大學去，我們還有二年呢？」

「不畢業也罷了！畢了業就要進鹹魚店去！」

「笑話！你太客氣了；上回借的《三國演義》看完了，我想向你借本古史看看。」

「有一部《綱鑑易知錄》在那簍子裏，你拿去。」

「怎麼你的書都放在簍子裏？唉！」

「唉什麼？不放簍子裏放那裏？」

「我想人是不平等的。我們大塘唇像昌裕家那樣多錢，卻沒有書！溫爺爺家書是放在楠木箱子裏，卻不肯借！你家的書卻都放在簍子裏！」

「哈哈哈……」昭桂笑了，然後把右手往胸前一晃，重重的放在桌子上，「這是一定的道理！有錢的不買書，有楠木書箱的不肯借書給我們，肯借書的一定只好把書放在簍子裏了！」

「你看老伯回來了。」

昭桂轉過身來，朝門外看，果然看見老人家放下了擔子，匆匆朝正屋走過來。

「老伯回來了。」

「良儒，原來是你。」回過頭來，「昭桂你剛剛笑什麼？這麼晚才回來，一定到那裏去找倒擔貨的主顧了。」

「昭桂，是你上松口墟去賣魚了，了不起！老伯，昭桂才真是孝子！」

「……」昭桂想到賣倒擔貨的苦味，突然鎖了眉頭，默默地站著。

鮑魚之肆

太陽籠罩了松口鎮，湫溢，悶熱，新醃的魚陣陣的發臭，加上一院子的霉氣，只使昭桂發嘔！

「二掌櫃，我從來沒有見過這種學徒！叫他倒夜壺，從沒有倒過一次，掃完了地，又躺到床上去看書了！你再不管管他，越發要無法無天了！」

「唰！聲音輕一點！掌櫃的表弟呢！」

「表弟表弟隔了一層紙，怕什麼！昨天收魚，秤又那麼平，又照市價給了錢！」

「總有一天，要上咱們的手！別讓掌櫃的看出來，說咱們欺侮他！」

「你怕我不怕，掌櫃給我說來的，學生不懂規矩，要給教訓教訓。你看十六歲的小夥子，一進店門，便看不起咱們，再過幾年，怕不爬上咱們的頭來撒尿啦嗎？」大夥計阿招氣憤憤地，在櫃上數落。昭桂的床就隔一層板壁，聽得一清二楚，眼睛裏冒出火來，正想發作，卻想到「受不得也得受，聞不得也得聞」，這兩句媽媽的話，驀地把想罵的話吞下去了，咬著牙看莊子。

表哥呢，本來也看不慣昭桂的學生脾氣，可是他又有另外一種看法。自從昭桂進店以後，帳目就逐漸清楚起來了，房子也就乾淨起來了，雜亂的家具貨物也就整齊起來了，夥計們也就不敢落錢了。雖然他表弟有時發起脾氣來表兄弟非登時吵架不可，可是做表哥的到底年紀大上十幾歲，心裏不得不承認他表弟是個實心實意好幫手，離不了他，因此也漸漸信任昭桂了。至於那二掌櫃和阿招，只好在背後暗罵，計劃把昭桂趕出店去。計劃終於實現了，他們把握了掌櫃的弱點——省儉，天天說昭桂的同學多，來來往往地，吃了不少店裏的飯，浸潤之譖，終於搖動了表哥的信心，機警的昭桂，深深感覺到老闆對他不信任不放心的小動作，決心放棄這鹹魚店的工作，他對表哥說：

「承表哥栽培我快二年了，吃了這許久的閒飯，真對不起，我今天打算走了。」

「到那裏去？」表哥不大相信他的耳朵。

「到南新小學教書去。」說罷，提了那小捲行李，飄然走出了鹹魚店。

店中剩下了毫無依傍的掌櫃，和沒有鬥爭對象的二掌櫃阿招，大家心裏都覺得有點空虛了！

夜奔

昭桂當了五年的小學教員了。

這五年的生活，表面是很平靜的。可是時代的動盪，使這群二十歲左右的青年們焦躁地想往外面走！《新潮》、《新青年》、《嚮導》挑動了每一角落裏青年的心理！每一個青年都想動，都想反抗，——反抗不平的社會；反抗強權，反抗軍閥的統治；反抗帝國主義的侵略！暴風雨快到來了，燕子們、蝙蝠們、馬蠅們，一切的動物，都焦躁地飛呀飛的。梁昭桂，梁錫祜和南新小學的同事們，自然也不能例外！

靜靜的韓江，月光下變成一條匹練，遙遠的岸上，只見簇簇的黑影子，船上變成那樣寂靜，把剛才碼頭上的喧嘩，撇到另外一個世界裏去了！昭桂錫祜都躺在船頭上，接受那水面的涼風，興奮地仰看著天上的明月和星星。

這一次出走，真太突兀了，家裏的父母也沒有告訴一聲！盤費呢，只有身上這幾個毫子！一群窮小子，從來沒有一個到過香港和廣州。

一想到那陳家的姨太太，尤其使人憤慨！上船時穿著鮮華的衣服，男傭人，女傭人一大堆！上得船來，使喚這，使喚那，有彷彿是這全船人的主子，隨後，又扱了雙拖鞋，在青年們的身上，踏來踏去，昭桂想到這裏，忽地艙裏傳來那女人的鼾聲。不覺脫口喊出，「終有一天，把她當僕婦！」

「什麼？」錫祜被他的聲音嚇了一跳！

「沒什麼。」

「我以為你在那裏說夢話呢！」

不，夢話終於成為事實了。誰知道這位驕奢的陳姨太，就是後來的陳嫂呢？

年輕的人們，終於平安地到了廣州。昭桂身上只賸了兩毫子！就憑這兩毫子，用了梁幹喬的名字，考進了黃埔學校第一期。

黃埔，這革命青年的樂園，執行五四以來社會運動思潮的結論，集合了各省的「亡命之徒」，武裝了他們的身體，也武裝了他們的頭腦，全國有無數的同情者期待著他們，周圍卻有無數嫉視者壓迫著他們。這樣使他們熱度越高，奮鬥的情緒越強。短褲，草鞋，糙米，不但不足以搖動他們的意志，反而增進了他們的決心！經費的困難，謠言的熾烈，一切障礙，一切委屈，只如火上添油，使革命的火焰，熊熊地旺了起來。這鹹魚店的學徒，自我擴大了，自信心加強了，一切的理想都覺得從此可以實現了！

孫中山先生的常常蒞臨，使黃埔學生好像從黑暗的大海中看見明燈般一樣歡欣，許多人都覺得從此參加了一個劃時代的運動，自然幹喬並不是例外，在他三十四年二月二十八日日記中寫著：

「我生於民國紀元前九年，癸卯歲之七月十三日，而於我父我母生我之第二十一年上半年完結後之第三天，開始『入世做人』。到昨天晚上止，我已經走過了二十一年的人生之世途。」

從「開始入世做人」六個字，可以瞭解當時的黃埔對青年們影響之深！

淡水之戰

經過短短九個月的訓練，這六百多個青年幹部便參加東征的戰事了。

當時國民黨總理孫中山先生病倒在北平，叛黨的將領陳炯明和廣西的軍閥林虎、沈鴻英們盤據在廣州的東部，雲南的軍閥楊希閔、劉震寰們盤據在廣州附近，國民黨政權只有一個虛名，要鞏固這個政權，必須消滅這班軍閥的力量，要消滅這班軍閥，必須先從勢不兩立的叛黨分子開始，而一切掃蕩工作的完成，從孤軍奮鬥進而至統一廣東，統一全國的希望都寄託在黃埔學生身上了。所以這次東征的意義，與基督教十字軍的東征很有許多相同之點。

這一支二千多人小小的十字軍，在領導者激勵之下；懷著極大的熱忱，從民國十四年一月三十一日在廣州出發，到達淡水，已經有十七天了。「這十七天，沒有一天是快樂的日子！不是露營，就是餓肚，風餐露宿，一天還要跑幾十里路！」（蔣校長在攻克淡水後講話。）

當面之敵，有六千餘人，恰比他們大了三倍。在作戰劇烈的時候，有兩連已經退下來了，第二營右側翼受到了敵人包圍的威脅，蠕蠕的敵兵似乎從堤外向機槍陣地迂迴過來了，排長陣亡了，墳堆上有一挺馬克沁，臥著一個左手指受了傷的中士，幾個彈藥兵，看著這種危險的情形，正在著急，左後方田塍下踅過來兩個人，第一個是見習官梁幹喬，扶著一根柴棍背著一支自來得，後面是一個步槍兵，見習官邊走邊問著：「怎麼樣？老鄉！」

「丟那媽！」那個中士把右手往堤外一指。

見習官跪下來，順著中士的右手望過去，右側方約六百公尺距離有一條和陣地側翼平行的堤，堤兩邊原來佔領陣地的友軍，已經不見了，敵軍隱隱約約有一二百人正攀登堤岸，向這方面衝過來。

中士邊忙用右手擎著扳機，見習官忽然說道「且慢！等他們衝過堤岸再說。你把馬克沁向四百公尺處窪地瞄準，傳令兵，你通知全排準備手溜彈！」

「有四五十人衝過堤岸來了！」

「不理他！」見習官昂然地叱詫著。

「正面的敵人喊衝鋒呢！」

「連長在那邊，我們先把來迂迴的打退了再說！」蠕蠕的敵人到達窪地了，噠噠噠噠馬克沁怒喊起來了，窪地上的敵兵倒的倒，臥的臥下來，這堤上掩護的火力開始向這邊集中射擊，見習官命令全排的步槍火監視著那窪地，叫中士把馬克沁指向到堤上去。突然馬克沁停止怒喊，只見那中士把右手一撒，撲的倒下去了。見習官連忙拖開中士的屍首，自己補缺，一陣火力，把堤上的敵人制壓住。方才噓了口氣，卻見窪地上的敵人逐漸躍進，離這陣地只有二三百公尺了，見習官指揮彈藥兵迅速把馬克沁拖下來，轉移到另外一個陣地上去，企圖阻止迫近面前的敵人，一陣機槍步槍手溜彈的火力把側翼躍進的敵人肅清。正面的敵人開始動搖了，大部隊喊著殺聲，一場惡戰的結果，攻下了淡水。

這是革命軍第一次消滅軍閥的戰爭，也是梁見習官第一次在火線上表現的成績。

莫斯科

革命軍經過了淡水、棉湖、興寧諸戰後解放了潮梅，回師討平了楊、劉，第二次東征，攻破了惠州，這樣就統一廣東全省，十四、十五年兩年時間，黃埔軍隊的勇敢善戰，使全國的青年發生了自信心，無論長江流域，黃河流域都期待著黃埔軍隊的來臨！黃埔兩個字，已經成為革命的象徵，也是全國解放的象徵，是軍閥怕聽的兩個字，當然沒有例外，也是禍害中國的陰謀集團——共產黨所妒忌的兩個字！

不幸的事實，開始發生了：黃埔裏面，發生共黨的祕密組織了，革命同志會和孫文主義學會開始在革命的家庭裏打起架來，陰謀叛變的中山艦事件起來了，利用汪精衛的政治野心，使國民黨發生左右派的裂痕了。

「剿山中賊易，剿心中賊難。」陽明先生這兩句話，竟成了當時的真理！

「莫斯科不是誠意地幫助中國革命的嗎？」「列寧對中山先生的默契，不是現階段的革命非共產主義底，而是各階級聯合反軍閥反帝國主義底民族革命嗎？」「越飛與中山先生不是約定共產黨要為國民革命而奮鬥嗎？」不但青年群紛紛起了這種懷疑的心理；即是國民黨的領導者裏面也有不少發生了這樣的疑團。

派大批人到莫斯科去罷？去作長期的觀察罷？生活在莫斯科的群眾裏面，把克林姆宮真正的意向看個清楚罷？這樣，國民政府便決定在十五年派遣了大批的留俄學生，主要的是黃埔畢業有戰鬥經驗而澈底地受過孫中山先生洗禮的學生們。

幹喬是被派往莫斯科觀察的一員，因為他在戰場上表現了無比的忠勇和犀利的判斷力，正適宜於作這樣的工作。

×××，這世界主義的陣營，正在逐漸轉變為俄羅斯主義的陰謀中心了。莫斯科正計劃以全世界的動亂換取俄羅斯安寧的政策，同時正以孫中山主義為幌子而實際破壞國民黨對他的信仰為宗旨，辦了一座中山大學，讓中國青年們透過中山大學而低首於馬克思列寧的神龕面前！這樣，在莫斯科加強了中國共產黨的地位，而減低了中國國民黨的信仰，假使你對國民黨的信仰還沒有動搖的話，共黨支部便會很鄙卑的給你加上一個托派頭銜！使你精神上感受到威脅，也許自由便沒有保障，可是這曾經在戰場九死一生的見習官，是寧死也不接受這種威脅，反過來，他卻昂然以挑戰的態度，在莫斯科橫衝直撞。

有一次，以班為單位，正開著「積極分子」會議，被共黨支部認為托派的梁幹喬被屏於會場以外，可是梁幹喬卻理直氣壯地闖進會場去。

「同班同學都在此開會，為什麼不通知我！一個黨員或是負某部分的責任者，如果他尚未開除黨籍，為什麼沒有參加會議的資格？」大家倏那間，錯愕相對，還沒有妥當的藉口。

「這是少數分子的陰謀，這是對黨的一種侮辱！」偌大的一個會場，竟因為戳穿了心事，而沒有理直氣壯的答覆！結果，多數人看明白了，決定歡迎梁幹喬參加這個會議。

中山大學的中共支部錯誤了，嚴重的錯誤了！他們沒有把幹喬的身世加以注意。鹹魚店的二掌櫃，也是夠陰謀的了，十五歲的幹喬曾經動心忍性，共黨支部的小伙子，竟把他看成紈袴公子了！

在俄國有二年的學習與經驗的梁幹喬，開始認識俄國的官僚主義，無論是黨、政府、工廠、學校、農場，幾乎一色是派系中少數官僚分子所包辦所把持，受慣了沙皇時代欺騙壓迫的俄國人民，依舊生活在欺騙壓迫底下，而無可如何！所不同的是：過去欺騙他們的是貴族和地主；現在欺騙他們的是××黨的官僚們！過去壓迫他們的是沙皇的警察；現在是殺人不貶眼的格柏烏（特務組織！）毫無例外的，一個堂堂的莫斯科中山大學，竟完全由幾個御用的中國學生來包辦，欺騙，壓迫！

民國十七年十月，共產黨正隆重的舉行十月革命紀念節，在紅軍的槍刺和格柏烏嚴密的監視之下，紅場內忽然起了騷動，俄語的口號從大群中國學生和俄國人民口中高喊出來了。「打倒官僚主義！」「打倒獨裁者！」、「打倒史達林！」逮捕、衝突、鬥毆，結果梁幹喬竟勝利地打散了大遊行。

民國十八年，幹喬終於遭遇了莫斯科當局放逐的處分，放逐的終點是赤塔，由赤塔以東，一路用假護照和賄通卡兵的辦法，瞞過了格柏烏，回到祖國的上海來了。

這時候，祖國的革命軍已經摧枯拉朽地，掃蕩了北洋軍閥，新興的中國，正在開始建設了。可是莫斯科指揮下的中國共產黨，卻不願看見民族主義的新中國就此誕生，就放下了合作的假面具，揭開了猙獰真面目，在湖南、廣東、江西、安徽、湖北、河南各地開始武裝暴動！而在上海，香港各地作文字宣傳。

幹喬和一班曾在莫斯科反對俄國政策的朋友們，適時的回國來了，很適當的擔任揭破俄國共產黨陰謀的工作，有名的《五月刊》在上海福煦路一個小學裏發行了。一群熱忱的反赤色帝國主義的青年們，都節食縮衣來工作，將當時在俄國所見所聞，盡量地向社會公開出來。這樣才使中國知識階層逐漸瞭解了國際組織的陰謀和中共附庸主義的本質。

這群由俄國回來的青年們，口袋裏都是空的，為了向祖國報導「鄰邦」的真相，只有住亭子間，束緊褲帶之一法。幸而不絕人之路，他們竟發見了「賒吃餛飩」的辦法。餛飩擔的老漢，因為他們是老主顧，每天把擔子挑過來，讓他們賒帳，到月底給錢，如果他們家裏錢沒有捎來，那也可以再賒一兩個月。過冬的時候亭子間的板壁縫老吹進來刺骨的寒風。薄薄的被褥，擋不住天寒。好在有的是報紙，便一疊一疊地蓋在被頭上。好像「木能生火」，這些木漿做的報紙，也有點精神發熱的樣子！

實際上中共給予他們的恐怖，倒減輕了他們對於飢寒的可怕。弄堂口時常有中共紅色科[4]的影子迫得他們自動驅逐了食慾和寒冷的感覺。同時發明了多少方法，來和紅色科作捉迷藏的把戲！這許多把戲之一，便是不斷的搬「家」。說起當時幹喬的「家」也就是簡單得可笑：一隻柳條箱子，裝著一部油印機，和所有的家當！

---

[4] 紅色科是當時中共特工的總機構，有一個時期，科長便是那鼎鼎大名的顧明章，現在特工機構是規模宏大的政治保衛局。

壯年時代

激流

正當中國共產黨在江西、湖南、安徽、福建、浙江、湖北各省進行大屠殺的時間，日本帝國主義者，乘機發動了「九一八」和「一二八」的戰爭，這時內憂外患，重重疊疊的發生，慷慨悲歌之士，像梁幹喬一般的人，自然要從言論而變成行動了。就在「九一八」那年，他熱烈地參加了復興民族的運動，第二年三月，他在洛陽謁見了蔣先生，連上七次條陳，力陳全民組織的必要，接著這樣的工作展開了，在南京開辦的政治研究班，政訓研究班等等幹部訓練機關陸續設立了，《我們的路》發行了，幹喬是那樣積極的工作著，差不多每天晚上終到三四點鐘才睡，一群一群的青年們似回家一般的，輪流地拜訪著這位戰士，熱烈的討論，豪放的飲酒，幹喬的寓所，正吸引著朝野的人心！在一班青年當中，他發見了劉曉濂女士，大家都在激流中奮鬥著，一般的有慷慨悲歌的情懷，他和她結了婚，他們的家，也便變成了同志們的「大家」了。有時他倆不在家，同志們也毫無拘束地走進去，或者從窗戶爬進去，不管啤酒也好，牛乳也好，可可也好，就當主人在家一般地，隨便用著，假使主人還沒回來，就寫了一張條子：「謝謝阿梁！」

強敵的憑陵，引起了全國青年的騷動，復興民族運動，應運而生，熱烈，澎湃，成為時代的主流，新生活運動的提倡，與國民軍事訓練相輔而行，挽回了風氣，振作了人心，鎮壓了反動。使日本帝國主義者側目而視，使歐美各國刮目相待，從民國二十一年到二十六年六月，這短短的五年半時間，造成了國家空前的進步！粵漢、浙贛、江南、湘桂，各鐵道線的敷設，以萬里計的公路的完成，全國航空路線的發展，新空軍的崛起，尤其是西安事變發生以後全國國民一致團結的表現，沒有一樣不是表現復興民族運動的光燄萬丈！

雖然這五年半當中，也有「人民政府」的事件，「兩廣事件」，共產黨的「二萬五千里長征」，和日本人發動的華北離心運動，可是在正義伸張的時候，自然有無數的人才，來絞腦汁，把正義的火焰，鼓舞了成千成萬人的心，因此那許多的事件，都變成曇花一現，被時代的主流所掩沒了。

幹喬在這五年半當中，就幹著無名英雄的工作，時而幾天不睡。拿著密電算來算去，去發見那幾張電報的底碼，結果發覺了「人民政府」的陰謀。時而奔走港粵，調停兩廣的爭端。時而日夜窮追漢奸的活動，置之死地。時而訓練交通人才，來控制全國的鐵道、公路、航運。緊張、忙碌、飄忽，然而沉著，雖然天天在驚濤駭浪之中，駕一葉扁舟來做拯溺救焚的工作。好像太冒險了；可是前面是光明的信號，後面有光明的燈塔，而且左右前後又都是奮勇直前的同志們；所以雖危險而覺得興奮，雖辛苦而覺得快樂，至於報紙上沒有記載，衣襟上沒有勳章，沒有高的官，厚的祿，那都是身外之物，不值得在大時代青年前面誇耀的！

在外表看起來，幹喬好像是不羈之馬，神出鬼沒，他所到的地方，便演出驚天動地的事兒來，但是他個人修養，卻天天下的省克存治的工夫，律己之嚴，反省之勤，進德之猛，是一般同志所最為羨慕而敬佩的，我曾經看過他的日記，看見如下的驚心動魄的記載：

「二十六年元旦，上海。

元旦，焚香靜坐：——

默思全心盡性之道，與夫進德修業之行，悚然若有所動心，懌然若有所省悟。因思古今聖賢豪傑之懋德動功，莫不從誠敬克省，專默精誠中苦鍊得來。嗟予小子，賦性既偏，而又無志：因循怠慢，毀性辱心。用是靜困俗念，動悔乖張；惟日喜懼伸縮於得失，毀譽，死生，禍福之中，而無由自拔自振，既忝天地父母生育之恩，復負尊師益友教誨之德。言念及此，痛不欲生！自誓：從今天而後，誓本守仁守義，循禮立信之道，存誠存敬，折節力行。務期盡棄吾疑，漸寡吾過，無悔所事，無忝所生！否泰安危，不渝此志，神祇在上，實鑒吾言！

訂定日課七條，誓本堅苦卓絕之精神，紮硬寨打死仗之決心；克復氣質上之病態弱點，與夫遭際上否泰順逆，樂天知命，刻苦力行之：

一、早起（黎明即起）

運動以健體魄；整肅以凝真神；靜坐以端心志；審思敬謹以思一日之所當為。

二、存誠（毋自欺）

從心靈中培植正直中和之德性；

從慎獨上建立剛真堅亮之人格；

從自劾自勵中孕育浩然之正氣；

在日常生活上，運行不愧，不怍，不淫，不移，不屈之行。之念。之節。

三、主敬（不傲，不慢，不憂，不懼；正位凝命，如鼎之尊）

臨淵履冰，儼乎其不足以自立自全；敬天，敬志，敬人，敬事無曠，專一固守不貳。

四、行恕（己所不欲，勿施於人；己所不能，勿施諸事。）

對人要：盡性，盡禮，盡義；對事要：敬謹，剛毅，堅忍，篤正；委婉曲折，以禮度事理人情；專心致志，以審機，定計，赴事。

五、謹言（凜乎事成於密而敗於露之訓，盡乎言以行志之實；恐懼乎多言多敗之禍）

毋以言損志；毋以志徇言。不傲，不嘖，不瞽，不嗇，如響斯應。

六、力學（即物窮理，困知勉行）

每天：會友五人；作信五封；辦公八小時；

讀熟讀書二小時；閱流覽書二小時；學書法一小時，作日記。

七、日記：

首、記心意之誠偽邪正，言行之功過得失，力自劾責改正。

次、記名言名行一通，以資借鑑師法。

三、記時勢推移之方向，及其起伏波動之情態，加以判斷推測，以驗積理之深淺多寡。

四、記重要信件文稿。

本年擬定讀完及濟覽之書報：

熟讀書。

一、《荀子》。

二、《韓非子》。

三、《莊子》。
四、《墨子》。
五、《老子》。
六、《四書》。
七、《史記》。

瀏覽書。

一、《人類悟性論》（I. Tock）。
二、《王陽明全書》。
三、《自然之體系》（D. Holbach）
四、《黑格爾》（葉青）。
五、《黑格爾批判》（L. A. Feuerbach）
六、《唯物史觀》。
七、《資治通鑑》。

雜誌。

一、《國聞週報》。

二、《時事類編》。
三、《時事月報》。
四、《中國銀行月刊》。
五、《東方雜誌》。
六、《新中華》。
七、《外交評論》。
八、《日本評論》。
九、《蘇俄評論》。
十、《軍事雜誌》。

報紙。

天津《大公報》。
上海《大公報》。
上海《時事新報》。
南京《中央日報》。
香港《工商日報》。

從這段日記看起來，似乎他幹的是生龍活虎的一套，而所養的又是苦行和尚的一套。其實並不矛盾。在思想龐雜，人心騷動的時代，志士們要想把主觀的信仰力，在短期內鋪成一條軌道，帶強迫性的引導數萬萬人走上去，非本身具備極偉大的人格，極健全的品性，極刻苦的生活，極堅強的意志，極高明的智慧，是不易得到千萬人的共鳴和信服的。而這樣的人格，品性，生活，意志和智慧，非自己大徹大悟，勇猛精進，那麼自己的慾念，便足以毀滅自己的理論和行動。更談不到領導千千萬萬的人了，記得有一度我們在南京會面，看到幹喬的書架上擱著一冊《呻吟語》，我笑問：

「幹喬你要當和尚了吧？」

「不，我現在覺著那些書比吃飯緊！」是的，比吃飯還要緊！這種淨化心性的修養，就是激流中的救生圈呀！

炸彈洗禮

復興運動的成功，造成中國長足的進步；而這一種急劇的進步，便加速了日本帝國主義者的軍事侵略。日本起初以為拿分化蠶食，陰謀的手段，便可以吞滅中國。到了西安事變以後，聽到了中國，以及南洋各地鞭炮的聲音，知道蠶食是不成了。日本和中國存亡的命運，非在戰場上解決不可了，首先日本更取消了政黨政治，舉國一致地準備戰爭。整整八年的中日戰爭，便因蘆溝橋事件而開始了。

幹喬在七月初，曾上牯嶺去晉見蔣委員長陳述建立黨軍以備非常的計劃，在八一三上海會戰開始以後，他曾以銳敏的觀察分析上海戰場可憂慮的情形：

「九月二日　星期四。

第一線發見的情形：

一、前方軍隊給養困難。

二、司令部與作戰各部隊通訊不確實。指揮官不知某師某旅究在何處。形成各單位獨自作戰。

三、衛生救護，設備簡陋，不足以應戰場之需要，許多死傷的官兵均遺留在戰場上。

四、人民對於戰鬥人員，不能予以絕對的同情與援助。

五、漢奸活躍。」

分析了以後，他作如下的結論：

「給養困難，最傷士體；救護不周，最傷士氣；通訊不靈，最傷士鬥（戰鬥力不易集中；）漢奸活躍，最傷士力；人民對戰爭冷淡，是為戰爭最危險之急症。不能一民，何有以鬥！」

這「一民」兩個字，就是他苦心焦慮的問題，就是他的《建立黨軍計劃》的本意，也是他立刻草擬《編練國民軍計劃書》及後來在陝西實驗動員工作的張本。

他於是乎開始起草《計劃書》了。劈頭即扼要地提出編練的本旨：

「竊維自蘆溝橋戰端發動以來，及今已二月餘矣！戰機已動，其勢必將逐漸展開而成為長期全面抗戰之局。為急速完成全國總動員，以適應抗戰之需要，以保證勝利計，必需立即建立教養衛有機之體系。務使經濟與武力相結合。納全國國民之生活活動於軍隊形式之中，而創立戰時國民經濟之體制。」

其次，很顯豁地提出國民軍的任務，他說：

「國民軍之天職，除服從國家之命令，以禦侮救國為絕對本分外，約可分為：

（一）為減輕及防止因糧食缺乏而發生之饑饉計，應有計劃的竭力從事於糧食生產之增加，並調節管理人民對糧食之生產及消費，務使軍有餘糧，民無飢色。

（二）組織及充實醫師醫院與藥品，以應付由戰爭及饑饉所引起疾疫之流行，以救治民災民病。

（三）為消弭及鎮壓由戰爭所引起之叛亂，而特別注意於漢奸共黨散兵游勇之騷擾搶掠，而與之作猛烈的鬥爭而消滅之。

（四）健全團結人心人力，切實推行勞動服務及社會軍訓，以達到武裝全民族之目的。

（五）大量的供給具有健全身心技藝之下級官佐及士兵，以維持國軍戰鬥力於不替。

（六）供給軍需用品，維護地方安寧。

（七）維護交通，修築戰壕，道路，碉堡，負責運輸，傳遞。

（八）鞏固兵心民心，振提物力國力，援助國防軍作戰。」

基於任務，他定出一個非常理想的而終於沒有實行的編制表來。以團為單位，團的幕僚除參謀副官以外有宣傳，訓練，軍法，經濟等各項人才。區分為四營。和一個包含有無線電台文化分隊及兩個特務分隊的特務大隊。每一個營卻有糧食，衛生，交通，製造四個大隊和一個警衛大隊。糧食大隊有四個種植中隊，兩個墾牧中隊，兩個保管調節中隊。衛生大隊有兩個中西醫師中隊，兩個藥品中隊，兩個醫院中隊，兩個掩埋中隊。交通大隊有兩個陸路中隊，兩個水路中隊，兩個通訊中隊，兩個築路中隊。製造大隊，有兩個民用品製造中隊，內容是竹器，木器，鐵器，藤器；兩個軍用品製造中隊，內容是草鞋，笠帽，軍服；兩個編織中隊。警衛大隊有四個步槍中隊，一個機槍中隊，一個手槍中隊。他寫著：

「團之編制，乃基於內地城市及鄉村之經濟性質地理形勢及人口分佈等情形，而以達到非常時之天職為目的。

團之分隊長及隊員，係從士農工商學及自由職業各業中選任之，其任務在領導督促一般人民竭力從事於本業及參加戰鬥工作。如耕種分隊之隊員五人，居住於黃虎村時，則此五人應以和平之方法，勸服該村全體農民竭力於耕種，並為之謀耕種技術水利肥料等之改良，而此五個隊員仍須照常耕種。……

軍事訓練完全取公開之形式。農忙時則以訓練衛生大隊（除掩埋中隊），交通大隊之水路中隊，製造大隊，通訊中隊為主。農隙時，則加緊訓練糧食大隊，交通大隊之陸路中隊，築路中隊，至警衛大隊，一如國軍，經常予以訓練。訓練以分隊為單位施行之。訓練時穿著製服，惟至少每半月必須舉行中隊集合訓練一次，每月舉行大隊集合訓練一次，每二月舉行營集合訓練一次。

除專任之軍官佐及警衛大隊官兵，特務大隊之無線電分隊長，特務分隊，須經常駐宿營盤一如國軍外，其餘各大隊之中隊長及分隊長隊員等均各駐宿家中。」

這個《計劃書》的特點，便是大膽地將全國人民編入於一個軍事機構中，使整個國家變成強有力的有機體。這和五年後所頒布的《總動員法》完全取法於英美的意義截然不同。這個《計劃書》的作成，受魯屯道夫將軍《全民戰爭》一書影響最大。因為在日記中幹喬時常提起這部書來，可以證明。

《計劃書》於九月十六日呈出，九月十九日，日本第三艦隊通知英、法、美、蘇、德、意、比等國使領館，限各國僑民於二十一日前離京，日機將於二十一日午後大規模轟炸南京等大城市，他的二十日日記云：

「倭寇在上海之不逞，必然出此暴策，惟中華民族，決非可用暴力征服的，『大規模轟炸』並不足以征服南京的軍民！我將以最鎮靜的態度，等候倭機的來臨。」

二十二日日記云：

「二十一日未來，今日祇是如此如此，物質的威力是不能克服精神之抵抗的。」

人類最高度的智慧，便在能將一切力量利用起來，變成有益於心身的東西。倔強的幹喬正在利用敵機的轟炸，作為鍛鍊心志的工具！他說：

「今日敵機投彈二百餘枚，在五小時又二十分防空壕中之危坐，體驗到一種心性中最大的缺陷，即：

「看到，不能做到；看到澈清，做不到澈底。在生死問題上總存一縷游絲般的東西；在心性中隱存一種非泰然的原素。凡此缺陷之存在，均由於先天的缺陷，惟亦缺乏修養所使然。此病不除何能挺然任天下之艱鉅？何能出入生死之境而成大事：更不配談報國與行志也。

「此心要放得正安得定，否泰安危而無改於正與定。必如是而後始克在艱苦危難之中，保持挽轡之逸致而後始能謀能斷與能行。

「佛羅乙德從醫學上的見地，證明人生之真實內容，是為『搖擺於生與死之間』，此特就一般人立言耳。吾人立志做一個完人，挺然生息於天地之間，而猶未脫俗人心態，何耶？

「從飢餓中既未能自覺的修心養性，每一念及，輒引為疚恨。今當危難中如仍不自覺的修養，而一任環境之支配與俗為伍，此生真枉過矣。勉之哉！」

當東戰場作強韌戰鬥時，華北軍事形勢，非常不利，國軍在津浦平漢同蒲各線，連續後撤，北方淪陷區逐漸擴大。幹喬奉命到華北去，布置敵後及戰地的情報工作。他在十月八日離開了南京，九日到徐州，十日到鄭州。議定收編豫西民團。十三日車抵臨洺關。徒步北上，十四抵順德。炸後人民逃避一空，潰兵擁擠，情勢紊亂，從容部署完畢，十五沿鐵路步行至沙河站東端的柳莊，佈置工作，繼續南行，足破，步行至苦！晚到邯鄲，炸後屍體未埋，深痛公務員的不守紀綱，民眾的無組織！十六步行至磁州，十七達漳河南豐樂車站，十八到安陽湯陰，決定將所有同志，編為四組，嚴令不許隨軍潰退。十九布置安陽至新鄉段工作。二十日乘車返鄭州，檢討華北工作。二十三到潼關，召集關中同志會議，二十五沿同蒲線北上。念及「三晉雲山皆北向」而晉軍卻不能北向禦侮，地靈而人不傑，皆因食官僚主義的惡果！二十七到太原。東線正太路娘子關以西諸要地均已失，急對晉北娘子關太原臨汾長治運城各地作緊要的部署。三十日乘卡車向臨汾進發。山陰積雪未消。有「河拖三家地，峰懸萬頃田」之句，十一月三日到西安，買了一雙鞋，一件皮統，想到伯母年逾六十，高齡怕冷，叔父亦無短襖，不忍拿來自己享用，第二天付郵寄歸。在西安商討隨從甘、寧、青、新各省現狀及工作佈置。六日返洛陽籌商編組義勇軍事，深覺負責人員成見之深。九日返鄭州召集華北指揮處同志會議，感覺到：「抗戰促成了全國一致的感覺，卻未能加強團體的力量及一致性。恰恰相反，此種現象於河南同志的言行間表現至為明顯，心以為憂！」十六返開封見劉主任峙議事，澈夜逮捕漢奸。頓悟用人之道：

「用材之道，絕忌勝人；欲求勝人，絕不能用人。人以其所志，所持，所知，所信，以臨我，我若一一以己之所志，所持，所知，所信，以繩正而輕重是非之；是則盡天下之人，恐難得一與吾相吻合者。而況吾之志，持，知，信又不足以為規矩繩墨乎？故使賢之道，首在全人之志，之持，之知，之信，全之而思所以用之；用之而從而盡之，正之，損之，益之，庶幾在幾微之中，而得以貫以使賢之目的也。」

這一次華北之行，更加強了幹喬的信念：（一）廣大的動員民眾不能再緩（二）人事的合作必須先健全本身，更須尊重他人的意見。

戰爭的砲火，使我們的中樞，第一步放棄了南京（二十六年冬），第二步放棄了武漢（二十七年秋），幹喬的計劃，未蒙採納，雖調任政治部第二廳副廳長，也覺得無事可辦，他寫著：「第二廳事絕不可再事尸位素餐，速即另定出處以自拔自效。吾將投身於戰爭的砲火中，庶幾得展一日之長，得為此多難之邦盡力效死！（二十七年七月十日）」於是在政治部同意之下辭去副廳長職務，八月十七日動身赴西安，想達到「投身砲火」的目的。

在西安「候差」的生活，與十年前上海「亭子間」的生活，是青年型與中年型的差別，但異形同質，悲涼、積極、奮進、待機，仍有許多相同之點。例如長安酒家的餃子，自然比上海弄堂餛飩擔的趣味不同，可是因為長興樓午餐花去一元三角而自責「太浪費」，晚上便吃二角錢的餃子以求果腹的心境，與「賒吃餛飩」又有什麼分別：十年來婚後家庭，兒女成行，避難入蜀，看到盌中的飯，能不想到「可憐最是牽衣女，哭說鄰家午飯香」的情景嗎？然而我們看幹喬三個月的長安日記，積極奮進的成份，總是多於悲涼待機的成份。

他每天寫日記，分析時局，動輒千餘言。他常去跑書鋪，把口袋裏吃飯的錢，變成整堆的書籍。軍事的書，戰後社會的書，國際問題的書，修養的書，大量地吞進去慢地消化。每天鞭策自己，少飲酒，少喝茶，努力過著規律的生活。這三個月（八月中旬至十一月中旬，）國內武漢大會戰正急劇的進行，國外歐戰的戰雲密布。他是一個閒人，卻一刻不停地研究，分析，反復證明，始終不懈！

胡軍團長鑒於他「投身砲火」的熱忱，曾為他計劃新編一旅，他曾經在十月二日到蘭州去和朱一民先生接洽，但是朱先生只和他談政治，結果只收穫了六盤山一場雪景！回到西安，不久，遭受了轟炸，炸碎了離開他六尺路一個婦人和一個娃娃，他幸虧迅速臥倒，但是滿臉的砂子，一身的血！棉軍衣褲救了他，沒有被破片打進去，只割破了衣褲，留下了衣孔和燒焦了棉花！命運簸弄他似的，回到重慶去治療。結果兩耳震聾，使他後來在工作中蒙受了多少痛苦！可是他依然寫著：

「每個人底生命的發展，均有他自己的獨特的邏輯。我應卓然豎起此心，力求其實其深其亮以成其大！」（二十八年元旦）

「本日計共讀書報九小時，頗感興味。惟仍未能專心致志，把整個的心深入並提到書報中的事物及經驗耳。國難如此深刻，國內外環境變化如此迅疾，我則無所事事，中心悲愴！惟未任事時，亦不必焦急。第一要充實自己，這樣才能有所本，有所把握。」（一月五日）

「劉仁靖同志來，談及彼個人之工作願望，及現實情形，談及零碎的感想。仁靖同志是一個頗為頑強的人物，故他對於現實的環境感覺到苦悶。實際上，人是決定一切的：堅強的意志，必然引出一種內容充實的生活。最壞的事情是，對現實的苦悶，對前途的悲觀！」

炸彈可以炸聾他的耳，可不能動他頑強的心！

解脫

幹喬於二十八年二月三日動身重返西安。

西安是他曾經「候差」三個月，炸聾了兩耳的地方。他這次回來，是以不計成敗、利鈍、得失、榮辱、生死的精神回來的。他的內心似乎經過劇烈的戰鬥，最後他決定以鞠躬盡瘁的心境解脫了一切。

「現時代的人們，現時代人們的智巧，仍是權謀術數多於道義真誠。我對此深感疲倦了！然而我究竟不能從現實人們中跳出來，我還是堅守我的信仰，我還是堅守道義真誠的自信。人們之所謂『獃』，正是我所謂『寶』！」（一月二十八日）

「政治家是極需要詩的性格的，然而，政治家卻將詩意發抒為出奇入勝的政治活動，而非譜成紙上的韻律，口中的歌調。政治家需要詩意去調劑其生活，幫助其思維，推動其冒險的行動，神化其理想物。」（二月三日）

「由重慶乘汽車赴西安，這是我過去立身立志的真實表現；這是絕頂的失敗，無限的渺小，毫無生存價值的行為。我這樣說，人們是不會了解的，我亦恥為寫出。然而，我得怎樣來補救呢？我將怎樣去答應內心的質問？我必需急切改過，重新做人啊！」（三月六日）

「長安！長安！這座曾經為中華民族屢作帝都的長安；這座曾經為吾族詩人騷客沾戀歌詠的長安；這座已經成為日寇攻取目標的長安，這於我將有什麼意義呢？

天地父母生我於今日之日，國家民族正當阽危之日，我非匹夫，而乃軍人。我應荷戈保衛河山，鞠躬盡瘁以赴，這是我的神聖義務啊！至於個人處境之順逆，工作之性質是無關宏旨的。生命的光輝引導著我的行為。

我將把我底行為綴成一首美麗的雄壯的史詩。我把這詩寫在復興中華民族的戰旗，永遠，永遠，飄揚在中華兒女們的心坎之深處。

我的心情如此洶湧，我的神魂飛到了我的父母妻兒兄弟身邊！我的生活啊，我的做人底使命把我推到革命的路上，我必奮勇前進以期無負初衷，無負父母兄弟妻兒之期望，無負國家，無忝為人！」（三月八日成都）

「深夜十一時二十二分。

我按住了我的生命活力底跳動，我靜寂地聽取時代轉動的節奏。

我處的時代，是『弱肉強食』的滑稽劇已經式微的時代，代之而起的將是『弱者輸血』的時代，日本對中國的侵略戰爭，將異常明顯的受到時代的糾正，日本必然不能和以前一樣，收到侵略的『弱肉』。

我們的民族是正踏上復興的道路，決不會在這個時候為人滅亡。目前的抗戰，祇是表明中華民族復興道路及過程異常艱險和需要血戰而已，決不是要在這抗戰形式下去殲滅，死亡。死亡的是日本帝國主義！

我生活於這個時代，我正是站在民族復興的前面，我決不能讓開，更不能退後。我應最高度的發動我底生命的活力，奮鬥力，對一切阻礙民族復興的惡勢力戰鬥。首先就要以我自己的內心底生命活力，克服我自己的弱點，確然地形成一種『不奪不懼』的人格。」（二月十日成都）

「夜十一時起至翌晨四時一刻，細讀Napoleon，身心受激盪至深且急，樂極！」（二月十二日成都）

「返西安後的十一天的生活，是沉醉——實則與其說是沉醉，不如說是昏迷，——在純潔的內心生活中！這種生活內容，祇能我自己一個人領略，他人是不能體會到百分之一的。無限快樂無限苦，別有滋味非尋常！」（二月二十五日西安）

我們從幹喬內心真誠的記載，可以看出他心境變遷的經過，由安而定，由定而靜，由靜而慮，由慮而得，經過劇烈的戰鬥以後，得到了結論，不覺手之舞之，足之蹈之，而至於「沉醉！」這種大流大悟，是人生最難得之境，此之謂解脫！

動員試驗

重返西安的幹喬，曾作游擊戰術的教官，軍官學校的總隊長，第十戰區的政治部主任。到了二十九年——抗戰第四年，他始終感覺到一切戰時動員，都是隔靴搔癢！他很感慨的說：

「現在，我們一般人都稱老百為『國民』，為『公民』，但在實質上，中國現今大多數的老百姓，都只是『家民』，只是『私民』。這並不是和現代若干的社會學者和政論家們所說的一樣，是因為老百姓沒有做『國民』、『公民』的知識，而實在是沒有做『國民』、『公民』的自由！這在兵役法的施行上，十分明顯地把此『國』，『家』，『公』，『私』的性質與比重表現出來了。若就現在征兵的實在情形言，與其說是國家征『國民』或『公民』為兵，倒不如說是土豪劣紳與不肖鄉保長賣『家民』、『私民』充兵來得恰當。現在的縣長，實在還沒有與土豪劣紳及不肖鄉保甲長爭取人民當兵的權能。夫兵役法為法制化了國法，征抽壯丁，又不過徵用一小部分的國民，而施行之難如此，若欲付與現在的縣長的動員全民的責任，那當然是不可能的事。所以，動員全民的問題，首先就要表現為解放人民的問題，只有把人民從土豪劣紳及不肖鄉保甲長控制奴役之下解放出來以後，然後才能實現人力動員的任務，然後才能推動政治，而保證中央的命令一直能免貫澈到每一個國民的身上，心上，行為上，亦只有中央的命令能夠貫澈到每一個國民的身心上，行為上之後，而後才能『統四萬萬人之心為一心；制四萬萬人之力為全力』，才能完成人力動員的任務，才能實現全國總動員！」

我們動員的不澈底，不公平，是人人皆知的事實。可是病源所在，卻各人看法都不一樣。幹喬是生長寒家，做過學徒，從小就看清了中國社會的病態。所以他一口咬定動員不澈底不公平，都由於土豪劣紳在那裏作祟。而主張用軍事力量，扶植貧民，使在政治上站在平等的地位，從而澈底的動員他們。他對於這一點，有過進一步的分析：

「那些土豪劣紳及不肖鄉保甲長，到底用了什麼力量把人民控制在自己的掌握之內的呢？這是在一般人都認為是『封建關係作怪，而封建關係又是以經濟為基礎的，政治只是經濟的反映。』但這是不對的！我們堅信構成土豪劣紳及不肖鄉保甲長之力量，第一是武力，是幾枝或幾十枝槍，幾個幾十個或幾百個心腹家兵家將；第二是由假借而來的政治力，（我們一定要深切認識此地所指的假借兩個字所包含的內容）；至於經濟則不過是一種陪襯的力量而已，並無決定的作用。所以要達到從土豪劣紳及不肖鄉保甲長控制之下把民眾解放出來，組織起來的目的，那首先就得把民眾武裝起來！所以民眾祖訓的方式，就一定是軍事的！組訓民眾的任務，又一定要軍隊才能擔任！我們切不要害怕真理啊！」

他這樣主張用戰時軍事的壓力，來解除土豪劣紳的「武力」、「政治力」，同時把一般民眾的身體和頭腦武裝起來。這顯然要形成社會革命的結果。一個社會革命——國民黨北伐以後未完成的革命，是一件重大的事件！然而幹喬並沒有時間和機會來說服一切的同志，只得了少數熱情分子的支持和蔣委員長一紙軍隊組訓民眾的命令，便激昂慷慨地去發動了！

二十九年八月十五日，在西安成立軍事委員會陝西省軍隊組訓民眾動員總指揮部，十一月成立邠洛、商同兩動員區指揮部，幹喬奉派充任邠洛區指揮官，於十一月十六日由西安向指定之駐地耀縣出發。這個動員區的範圍是耀縣、栒邑、淳化三縣。

按照兵役法令，每保均有警備班的編組，他在動員區的工作，便把這當成樞紐。在這三縣成立動員指導室，直接對指揮部負責。由指導室對每一個鄉保派遣副鄉長副保長。這一個指揮部，三個指導室，二十個鄉，一一八個保，需要二百多個幹部，大多數都是從七分校戰幹團的畢業生當中選拔出來年輕熱忱的同志，工作的重心當然在保。保的動員工作，第一步是訓練警備班，實行解除土豪劣紳的武裝，而武裝了民眾的政策。

辦法頒佈以後，一般土豪劣紳及不肖鄉保甲長，不慌不忙地依照其對付兵役法的慣技，於忸忸怩怩做了一陣後，便把窮苦無告的壯丁送來應卯。而所有應編的壯丁，最初大都是憤懣不平，垂頭喪氣，無論訓練，無論服務，毫無生氣，毫無力量。但幹喬卻看得出在壯丁的憤懣不平中實在含蓄了最充沛的勇氣，而敷衍塞責，又祇是行將極度發揮其堅決鬥志之前的一種反常的表現，蓋一般壯丁，並非對編入警備班的本身有所不平，有所不願，有所不敢；而促成其不平與敷衍的真正原因乃是嫉恨不肖之鄉保甲長與土豪劣紳，不該送他應卯。看清楚了民眾心理以後，立即把此種心理抓住，並予以有力的解決。

在指揮部召集警備班之班長訓練中，給予極公正明白的解釋：

「一、警備班並不是為土豪劣紳來應卯的，而是人民為國家，為自己求受訓練。警備班就是三民主義的戰士！

二、凡已編入於警備班的壯丁，將來在地方上，無論抽丁，攤款，派牲口，繳軍糧，都准由各班長召集全體班丁公平議決，公平執行，再不會受土豪劣紳之支配與欺騙了！

三、警備班就是人民自己的先鋒，凡所有民槍，保槍，鄉槍，都要借給警備班使用，其他人等不得私藏軍火！」

這樣等於不流血的革命，解除了土豪劣紳的武器，而把民眾的發言權交還給民眾。這個影響太大了。不但警備班勇氣百倍，就是還沒有被徵集的老百姓也沒有不感覺到興奮；因為他們也有輪流當警備班丁的機會呀！

於是乎解放的工作，積極地開始了，每保三十六個班丁，開始在副保長周圍團結起來。無論那個有錢有勢家裏所藏的槍，總逃不過三十六人的耳目。首先，一切私藏的槍支（這就是豪勢家族所憑藉的武力）就很順利地繳到警備班來了。其次警備班丁們受了幾個月的軍事和政治的訓練，也就瞭解了國家的法令，在保民大會中也就敢於發言，戶口和富力也就易於調查確實。因此過去所有保甲不公平的措置，如抽丁，攤款，派牲口，繳軍糧等等，都提到保民大會作合理的解決了；漢奸，間諜的活動，也就很迅速的被發覺而檢舉出來了；不肖的鄉保長，便會立刻經保民大會的議決而罷免了，一切一切，在幾個月內都起了極大的變化。土豪劣紳們好像溫格爾之夢似的覺著世界已完全和從前不同了。當他們發見原來踏在自己腳底下的壯丁，一個一個爬走了，一個一個站了起來時，就大事咒罵，大事造謠。首先，他們便企圖借兵役法來收回他已經爬走了的壯丁。適應此種企圖而生的說法就是：偽言「警備班之編練，妨害了兵役」；沒有抽壯丁的地方，則偽言「警備班之編練，妨害了耕種」；性急的索性說「槍枝不交給警備班」；奸詐狡猾的則偽說「副保長太擅權」；然而這些人說假話時裝得愈像，則事實上亦抱悔愈深。例如：耀縣的不肖鄉保長對於「警備班妨害了兵役」的說話聲調是響亮的，但他們一面大聲疾呼警備班妨害了兵役；一面從容進行其貪污一百萬元的甲兵運動大舞弊。結果當然是「自作孽不可活」了！

警備班訓練的結果，他所主張「解除土豪劣紳的武裝，而武裝了民眾」的政策逐漸實現了。於是他進一步辦理勞動服務，實行「使經常與武力相結合，納全國國民之生活活動於軍隊形式之中」的計劃。

他把三縣境內，年在十八歲以上，至四十五歲以下之男丁，及已經參加了合作社業務之婦女，除心神喪失，身體殘廢者，及現役軍人，警備班員丁，公務人員，學校專任教師等得免除其本人編入勞動服務營外；其餘不論富貴貧賤，不論智愚賢否，不論體力強壯羸弱，不論住居久暫，均應一律受各該鄉鎮勞動服務營之編組。每一個勞動服務員，每年應為國家服務六十天。這六十天是分四次工作的。

勞動服務員最基本的組織是連，這個連是把全保的壯丁編組成的。連長由保長兼任，連附排班長都用了保甲的幹部。但指導人員卻由指揮部派下來的。每連有一個政治幹事，他在工作及休息時間，灌輸政治常識；有一個編練幹事，他專管人事的編組，調動和考核。有一個總務幹事，他管理著全連的起居，飲食，醫藥，工作器具。這樣一個連是有條不紊的，是誰也不能逃避的。而且參加了一次服務便多受了一次教育。每天升旗降旗唱國歌以後便提出獎勵和處罰的名單來。這樣用團體制裁和名譽鼓勵的辦法，使群眾不知不覺地在進步，當然，工作效率也一天一天進步著。在開始工作，和工作完了的一天，指揮官親自來和他們談話，吃酒肉，頒發獎品。軍事訓練，如行軍，宿營，警戒，等課目，也在這時密切訓練著，隊伍永遠是整齊的，宿營地永遠是清潔的，情緒永遠是愉快的。

每鄉的服務行政由一個營部管理著，每縣的服務行政由一個縣的總營部管理著。對於某一連的工作效率，紀律，都保持著紀錄。每一期工作完畢，便集合各級幹部來一次檢討。

由三十年十月一日開始調動工作，截至十一月二十五日止，已調動服務者四五七三人（耀縣二五六三人，淳化一一七一人，栒邑八四二人）共服務了六八五九五工作。日完成了下列八項工程：

一、建築耀縣織布廠一座　預定使用五萬工作日，結果只使用了四萬工作日便完成了。照預定時間縮短了百分之二十。這個工廠佔地四十畝。裝置石丸式織布機五十部，每年能出布一萬八千疋（長一〇四尺寬二尺四寸。）計長五丈寬二丈的機房八間，長一丈寬一丈之廈房十七間，長二丈寬一丈之門房兩間，深一丈寬七尺之窯洞四十五間，長八十丈寬三尺之水渠一道及一座比較一間機房工程大一倍的辦公房，這樣的一座工廠，在使用四萬工作日的勞動服務的條件下，只費了九萬元的建築費，在四十天的短時間內便建築完成了。

二、開通煙霧渠石渠　煙霧渠長七九九六公尺，深一．三公尺，寬一．五公尺，灌溉地畝八千畝，水源在赤區，開鑿時由警備班武裝掩護下工作。這條渠的開鑿，在耀縣鬧了二三十年，而在勞動服務的形式下，只花了十五天便開成了！使用一萬工作日，照預定時縮短了百分之三十三。

三、修築耀縣毛巾廠一座。

四、修築彈花廠一座。

五、修成由城東門至野狐坡公路一條。

六、建築警備班總營房一座。

七、加強城防工事。

八、清理城厢街道。

就這短短的兩個月來看，這樣做法效果，是很值得全國人們來注意的。

第一，在全面封鎖時期，如果能充分利用人力，可以把經濟建設力提高到極大的限度。在耀、淳、栒三縣編成的二十個勞動服務營，服務員一七六二一人六十天內，使能建設起二十六座工廠，每年便能出產四十六萬八千疋布。若以此數分配到三縣十八萬人民，每人可得二疋半以上的布，可縫製十九套單衣服。假使照內地人民布的消費量，每人每年縫製夾衣一套單衣一套來算，那二十六座工廠生產的布，就足以供一百零八萬人的消費，假如將全中國可編為勞動服務之二千九百萬役齡壯丁，以十天的勞動服務從事於這種工廠的建設，那就能建設起六八五〇座工廠，每年就可生產一億二千三百三十萬疋布，就足供全國軍民之用而有餘。

若依開渠的比例，以一萬勞動服務之工作日，就足以開通七九九六公尺的溝渠，那只以全國役齡壯丁二千九百萬人一日之力，便可能開通二千三百萬公尺的溝渠，就可以溉灌二千四百萬畝的良田。

據此，我們可以得出一個結論，就是以二千九百萬役齡壯丁的勞動服務為重心的全國物力動員之建設力，是足以實現「建設新的」以應抗戰建國需要之理想的。

第二，一切建設，如果進行合理的勞動服務，便可縮小固定資金，從耀縣工廠建設的經驗，固定資金縮小到百分這二二點五；從開渠的經驗，縮小到百分之十。

第三，勞動價值：

生產量	單價（疋）	總值
一、織布廠年產一萬八千疋	一七〇元	三，〇六〇，〇〇〇元

二、毛巾廠　　　　　　　　　　　　　　　　二，〇〇〇，〇〇〇元
三、彈花廠及婦女紡紗隊　　　　　　　　　　二，〇〇〇，〇〇〇元
加上五〇五二個勞動服務員，服務了三〇三，一二五工作日之價值，每工五元，共一百五十一萬元。再加上由農業推廣所之工作，開渠所增加的農產品，煤灰合作社，印刷合作社，縫紉合作社，打鐵合作社等生產價值合計，每年所增加的生產總值，總在一千萬元以上。依耀縣成果，來推算全國實行時，只需國家貸款五十億，就可增加五百億的生產。（依民國三十年物價。）

幹喬在耀縣實驗動員一年以後曾經下過這樣的結論：

「假使全國能夠如耀縣一樣實行人力動員時，一年之內，國家就可以得到十七萬萬四千萬的工作日，增加五百億元的物力生產，練成七百二十萬忠勇可靠的國民軍。」

其實國家貨幣的價值，應該安定於生產量上面。增加生產，節約消費，是不難穩定幣值的。戰時的殘酷，表現在一方面是：死亡、殘破；而表現在另一方面的是：惡性的通貨膨脹！幹喬的動員理論和他所努力完成的，是通過了鄉村政治的改革，從而發動人力物力。如果當局能將這一年的實驗成果，推行全國，不但可增加這五百億的生產價值，而且不難因為生產的增加穩定爾後的幣值。

另一方面，戰時一切措施，都因為到了縣就變質，於是一切法令，都變成貪污的法寶，形成了人民對政府厭惡，對國家懷疑的現象。假使當局能因為這實驗的成功，厲行鄉村政治的改革，不容許土豪劣紳把持，那正氣伸張，民氣自然發揚，一切政令才能收到預期的效果。到了今天，也許不會發生「人心思漢」的現象！

可惜當時中央和地方當局，不但沒有珍視這一個結論，加以檢討，加以褒揚，從而推行全國；而且認為是一種畸形的辦法，紊亂了行政系統。正在工作一週年以後幾天，突然把總指揮部結束了。把兩個區指揮部交給反對這種政策的人們來指揮。三個月以後索性將每月二萬五千元的經費也停發了。只留下區指揮官，讓他一個人率領少數穿草鞋的青年同志，兀自冒著各方面的攻擊，摧殘，孤苦伶仃奮鬥著，嘔血，失眠，死而後已！[5]

[5] 民國二十九年八月十五日成立動員總指揮部，十一月十七日成立區指揮部；三十一年一月總指揮部撤消，四月區指揮部經費停發。三十一年五月梁幹喬開始吐血，三十四年四月連續嘔血辭職，三十五年一月喉頭結核無言而死！

鞠躬盡瘁

「知其不可為而為之　不知死之將至」

三十一年開始，動員工作的試驗是成功了，主辦試驗的梁幹喬卻一步一步面臨著嚴重的危機！

一月五日接到中央電令：「總部結束，郃洛、商同兩區指揮部保留，每月津貼五萬元停發！」這一個電報，當然反映了當時省政府的請求，尤其是被解除武裝的土豪劣紳的報復！

一年來同志們如火如荼的工作，光輝燦爛的成績，得到什麼報酬呢？不是勳章，不是獎狀，那些東西是不容易輪到埋頭苦幹的朋友們身上來的！但也不是撤職，也不是槍斃，也不是全部工作停止，那也太過火了，設計的人們，又怕得罪了支持這個政策的軍事當局。所以攻擊的方法是避開正面的，譬如說：「這個動員辦法，並不算壞，梁某也尚知努力：只可惜指揮部越權行事，破壞了行政系統。如果交給省政府來辦，那就再好沒有了。」這樣自然冠冕堂皇，中央不易詳細明白，自然答應地方政府的要求，結果是「總部結束，經費停發，交省府監督指揮。」這樣，可以說對中央是冠冕堂皇，對軍事當局顧全面子，對動員工作也可以做到名存而實亡！這種方法，就是有名的「偷天換日法」，是高度的政治技術！

至於區指揮部呢？名義是保留的，經費卻沒有了。四百多員幹部的生活，五千名警備班班丁的服裝和維持這個龐大機構的經費，統統沒有著落了。繼續工作吧？經費如何籌法而且眼看見四面分方的攻擊因得到勝利而越要猛烈了。不繼續工作吧？這樣有效的動員方法，就要「自我而斬！」總而言之，繼續工作的困難在個人，不繼續工作的損失在國家！幹喬於是乎決定犧牲個人，為國家盡義務的道路了，當下這個決心的時候，只有從日記中，可以看見一個熱忱工作者被人猛烈打擊的痛苦。他寫著：

「夜十一時一刻正。

此時此刻的心情，直如海濤中飄浮著的冰！不平靖的波濤，不能安定的心！不能飛出水面，不能下沉！啊！我的心！我此時此刻的心！心！

我的眼淚湧在眼皮之下，我的心靈馳飛在無主的疚悔。慚奮的邊際之間，離人生甚近不遠！

沒有恨，沒有怨，甚近不遠；似乎正是在『似孤未孤之間！』孤固難，未孤亦難言；與其逃禪呀，寧戰！戰！」（三十一年一月六日）

一月十日，他召開經濟會議，「除中間吃飯費一小時外，硬是開了十二小時的會！」他在經費停發的命令到達後，決定了六條辦法：

（一）在淳化城南十五里之王家山墾荒地一萬畝。發動三縣之勞動服務營於一月內完成之。播種及收穫時亦由該營輪流派人上山協助工作。

（二）舉辦各鄉保合作社。

（三）舉辦紡織合作社。以低價籌製警備班服裝。

（四）舉辦煤炭合作社，以贏餘維持全部幹部之薪給及辦公費。

（五）呈請省府准在縣公糧內，發給縣以下動員幹部之糧食

（六）請三十四集團軍總部發給指揮部人員之糧食及服裝。

這樣，這個工作在兩種矛盾力量之下進行了三年。一種是軍隊的朋友用物質和道義的力量支持幹喬；一種是當時省縣政府和土豪劣紳，時刻用正面和側面的打擊，毀滅幹喬。站在這兩種矛盾中間的幹喬，卻始終積極努力。他說：

「從此以後，要針對過去之失，對症下藥；要把握生活歷程，要把握某一歷程（就是

此時此刻）的現實的要點，不顧一切，忍耐的做下去。就此時的現實言，應該專心致志於：武裝民眾，建設經濟，推行勞動服務與實施新縣制。換言之，就是要把邠洛區指揮部所處的環境及所擔任的任務，弄得至美至善。並從此種實際工作中，來充實知識，訓練人才，修心養性，健身進德，而圖西北動員工作之擴大。其要就在於使全部工作都賦有現代最進步的思想，和最活躍的生命。就是要：

把我的生命力，從現在的工作上流露出來！

把我的生活力，成為全部工作的活動能力！

務要打定主意，在今年十二月底之前，獲得對新縣制實施，勞動服務推行，國民經濟建設，武裝人民等工作之完成，及建立起有血有肉的理論體系。從而完成理想的人及人生！勉之哉！」（三十一年三月一日）

「夜，九時四十分。

指揮部靜寂得如禪院一樣，獨坐，心中盪漾著不知所以的微波，生之迷惘！

『三十二營精兵訓練完成』，這不是一個夢，而應當是我的生命之詩中一個高音，一句險句，務要以今後九個月的時間完成之，毫無遺憾的完成之。

五月一個月中，務要把耀、淳、栒三縣的工作佈置妥貼，把應結的帳目結算清楚，把工作人員的情緒發揚團結起來，把耀、淳、栒三縣的輿情吸引住，把宜君、同官的問題解決。

每天上午十時以前讀史；十時至下午五時辦事；五時到六時讀兵書；晚上讀義理書及體驗一天來之立心行事，記日記。

要確實把握時機，充分應用時間，靈活而欣悅地處理人事，有血有肉的創造實力。尤其要把心靈超化，生活詩化！」（三十一年五月一日）

他以「自我實現」（Self Realization）的態度，來使事業人格化。把一切世俗毀譽得失，視為庸俗，而務使自己的「心靈超化」；又把一切打擊，危險，看作生命上必經的過程，而使自己的「生活詩化」把事業完成，看作「完成理想的人和人生！」這幾年中，他讀書領域極廣。在極度困難中，他構成他的奮鬥哲學。下面是他的一篇長歌：

「昇化超化兮，謹法自然之理之信以成吾之中，吾之正。詩化美化兮，攝取人物之印象以成吾之真，吾之情。重生貴己兮，吸取萬物之精英，以養吾之身，吾之神。吾以是而有身與心。殷憂啟聖而多難興邦兮，大哉『憂』『聖』『難』『興』之相資與相因。生在死兮。安在危兮。成在敗兮。樂在苦兮。敬人而後人敬兮。助人而後人助兮。信人而後人信兮。止兵以兵以仁。止亂以刑以信。教民以勞以敬。觀人以人以情。治事以正以因。吾以是而知治亂成敗之契機。

沖穆無朕道之象。振動運行變之綱。變化序數成物類。生滅成毀命之常，道先天地生。動先變化起。起為動之根。質為數之子。而生滅成毀行，則天道順矣，萬物興矣，人事作矣，吾以是而知天！

熱烈拓展心之實，自我超我，為心機，情意苦樂心之用。心之實，斯為生命之活力。心之機，斯為人格之所資與所自。心之用，斯為人生之德容。天行其常，人應其變，吾以是而知人。

認取宇宙之本然，諦聽時代之琴的奏彈，撫摩人心天心旋轉的樞紐。寄此整個之身心於此人世之間，從容愉快而力戰，如海鷹之翺翔於汪洋之上而傲視翼下之波瀾！」（三十二年八月七日）

動員指揮部於風雨飄搖之中，居然屹立著。警備班丁的戰鬥訓練加強了；勞動服務營墾荒的工作逐漸成功了；紡織工廠的布疋，毛巾，襪子一大批一大批生產出來了；班丁的家庭婦女都組織起紡紗隊來了；炭灰合作社把同官的煤炭一車一車運到西安去了；新的地方幹部逐漸培養出來了；貪污的鄉保甲長逐漸肅清了；升降國旗逐日在保公所隆敬的舉行了。反對動員的惡勢力，不但沒有達到消滅動員工作的目的；只見到一般民眾很熱烈的參加了動員工作。每一個鄉保公所，在升旗的時候，分配著當天的工作，在降旗時熱心地檢查當天的工作。保民大會和甲的戶長會議，準時而切實的舉行。保長報告徵糧徵兵或其他攤派負擔的總數，每戶的負擔，由壯丁們熱烈的討論，公平的議決。副鄉保長經常訪問各戶，解除他們的痛苦，鼓勵他們在大會中發言。每一個副保長必須隨身攜帶戶口冊，隨時發動警備班丁，檢舉可疑的人口。在鄉村中使間諜幾無容身之地。

到了三十三年的春天，陝西省政府改組。新任的祝主席，謁祭黃陵，路過耀縣，發見了警備班隊伍的精強，頗加讚許。劃耀縣、栒邑、淳化、同官、宜君五縣，成立一個行政督察區，派幹喬為專員。他在八月間就了職。那年十二月，駐防的保安第二三四團忽然譁變逃散了。當局就命令他把警備班編為保安團，接防封鎖線。他在三天內就把三個團編成集中起來。花了兩天時間的裝備，便開出去接防了。

陝北特區的共產黨，正實行鴉片政策。中共中央為支付龐大的軍費，正無限制印發邊區政府的鈔票。這種鈔票必需以黃金和法為擔保，才能發生購買力。所以就強迫特區的民眾種植大量的鴉片，一方面可以藉鴉片來後方或淪陷區套取大量的法幣和黃金；一方面又可以藉走私販毒的路線，來做軍事情報的工作。同他們相呼應而切實合作的便是各地的土豪劣紳，也就是反對動員的人們。幹喬在第一個月內（三十四年一月十八－二月十八），集中全力來肅清販毒走私，他利用保甲的情報，警備班的忠勇，捕獲了七八十人，馬上槍斃了三十四名。這樣，走私販毒的路線就宣告斷絕了。

中共的鴉片政策，受了這個打擊以後，便拿出「兵運」的辦法，來腐化滲透這個封鎖線。於是派出許多黨員，利用與班兵之親戚家屬的關係，混入碉堡線。甜言密語，挑撥煽動，用鴉片，金錢來收買班兵。平時利用機會，投合士兵的情意，以圖博得好感。然後假借種種小事，例如伙食不好，官長打罵士兵，官長行為不端，而且造謠言，「警備班快要調出陝西境」，以引起士兵對官長的惡感。一到有機可乘，或借端吵鬧，或放槍擾亂營房及碉堡，或殺害一二官長，這些奸探便向士兵說，「現在你們吵鬧了，放槍了，殺了官長了，你們真是不得了哩，大家如不走，一定要受罰的。」叫他們趕快逃入特區。這種方法，在從前是很收效的。可是幹喬是早有了準備的。警備班官兵是很忠勇團結的。中共簡直沒有辦法下手。

中共拿手好戲失敗了，開始調集兵力，向正面壓迫，主要方向，由十里原進窺碉防的虛實。幹喬先接到確實情報，先發制人，便向十里原試行威力搜索，他寫著：

「夜十時，我第三梁連，強連，王連，曾排出發。今晚調動四個連又一排出擊奸據點十里原。這是我忠勇的警備班兵第一次出擊，亦是在五六年來苦心訓練警備的第一次使用。」（三月十八日）

「今天三時五十分即起床。佈置十里原事。六時半率第一連，迫砲排，機槍排，二十連赴通潤督戰。」（三月十九日）

「十里原之戰，傷匪團附一，死營長一，排長一，傷亡連排長八人，匪兵傷亡百餘名。敵兵力在一團以上，蒙極大損害。」（三月二十四日）

這次威力搜索，證明警備班的戰鬥紀律和戰鬥技術是很優秀的！因此正面的敵人，不敢用武力來驅逐他。乃進行造謠誣謗的技倆與我方的土劣一唱一和，甚至用秧歌舞來描畫梁專員的打罵人民，以挑撥軍民的感情！這一著倒很厲害。當幹喬扶病奮鬥之時，正是土豪劣紳和地方官吏勾結一起控告，造謠，誣蔑他到頂點的時候！這些控告，經監察使署歸納為八大罪狀！

一、破壞行政縱屬殃民　說的是指揮部不應該派副鄉保長下去動員民眾！

二、擅殺濫押侵害人權　說的是專署不應該把販毒走私的殺的殺，關的關！

三、濫派濫征經商剝削　上半段說的是守碉堡部隊不應該就地征購柴草，下半段說的是沒有經費的指揮部不應該辦合作社，墾荒，自力更生！

四、官兵逃亡株連無辜　說的是梁幹喬不應該破壞共黨的兵運！

五、苛索誅求逼民逃亡　說的是戶口不應該查得太嚴，把兩面分子和奸探都逼走了！

六、濫派濫用跡近貪污　說的是沒有經費的指揮部竟連預算也沒有，尤其是不應該請幹部聚餐！

七、摧殘教育　說的是部隊不應該住沒有開學的學校！

八、虛報軍情　說的是十里原之役並不是事實！

這八大罪狀，羅織成立了，可憐幹喬還在前方，天天在發熱、吐血、盜汗、失眠、頭暈、兩眼深陷，病情嚴重之下，每天工作十三小時，與敵人作死鬥，作夢也想不到監察使已經提出彈劾，要毀滅他的名譽與生命呀！

從三十四年元旦到四月十四日幹喬因病重辭職這一天為止，一方面在西安集中了許多土豪劣紳，天天商量著要推翻幹喬，打擊幹喬，宴會、奔走、一心一意進行著各種的陰謀！可是另一方面呢？這一個被打擊被計算的人卻天天計劃如何團結人心：

「今警備班兵之所以隨我者，特因四五年來相從之情感耳。其氣與志非能適合吾心之蘄求也。要親附之！

一、組織士兵伙食委員會，領糧，用糧；

二、組織士兵歸假委員會，決定准否歸假；

三、針對士兵狐疑，予以恰合的解釋；

四、使班兵與民眾連成一氣，以班兵之戰志影響民眾；

五、對班兵家屬作有效的宣傳；

六、使士紳青年親附。

今我所以見諒於民者，無厚德也。惟以不要錢與苦幹耳。不要錢，亦僅不害民耳，尚未有以利民也。要在遲疑觀望之中，必有以改進之。」（一月二十日日記）

「生之創造，最需要堅忍與安詳。我應在皈依天心之生活下，力圖體力之恢復與健旺！自己生活，自己創作，自己消費，自己欣賞！

沒有俗，就沒有超；沒有兵，就沒有寇；沒有庸俗自利，便沒有人間！我生在此種庸俗自利的人間，我便要對庸俗自利的言行及人物加以憐憫！我應該容世於知；容人於心；容己於天。

何必憤世？何必嫉俗？更何必罵人？一切應知其所以然而然，知其所以存乎人間世之故，則必求昇化。」（三月一日日記）

天天在病中拼著命工作：

「今天從七時起床，漱洗，洗腳，換襯衣褲。一直工作到現在，工作了十三小時又半。」（一月二十一日記）

「今天從上午六時起床，一直到現在都工作著。身體覺得疲勞，兩眼又現凹陷。」（一月二十二日記）

「在今年內：務將莊子〈齊物論〉註好，付印出版。把防線鞏固起來。把走私販毒肅清。把五千二百兵練得雄雄赳赳，個個可靠，時時可用。把耀、淳、栒、同、宜五縣政治清理一下。如此差可以自慰矣！夫從容努力以赴之也。」（二月四日日記）

「下午寫文廟升旗場白布橫額，『成功的唯一祕訣，就是要向艱難危險的方向勇往邁進，不要錢，不怕死，踏實苦幹，一定成功！』明天上午六時，準備掛上去，這是傳自校座的意旨。」（二月九日記）

「這幾天來，每到下午五六時便覺發熱難過，要力制之！否則病象已著，殊非所以全生之道也。註〈齊物論〉至『而獨不見之調調乎之刁刁乎。』下午召集四縣鄉保工作人員開會。」（二月十八日記）

「這幾天來深覺每到下午四時一刻左右，便覺發冷發熱，今日最利害，臉色晦滯，葆身真要如烹小鮮，尤以大病之後，在此極易過勞之時，更應小心。」（二月二十三日日記）

「今天精神仍極疲憊，惟自上午起至下午七時仍均辦公。」（二月二十五日日記）

「下午三時開會，講了一個半小時的話。有疲勞之感。晚八時覺臉及眼均發紅，眉宇間

有熱氣，疲勞特甚。」（二月二十七日日記）

「這幾天來，深覺不舒服，昨晚工作到午夜十二時始睡，一時許醒，汗出夾背。擱之如膏如汁。」（三月二日）

「晨六時出席紀念週，講話一刻鐘。七時二十分，召集指揮部組長以上，同官總營集訓營排長以上到部開會，講話一百分鐘，過多矣！」（三月四日日記）

「劉謙自西安歸，帶到手槍彈三千四百粒，西藥巴比通兩盒，巴比通已到，頓覺心有所恃。」（三月五日日記）

「今天下午咳嗽得很利害！身體需要葆養，十分迫切！」（三月十五日日記出擊前三天）

「晨三時半即醒，三時四十分起床。寫長信交程廣增送去，逐碉叮囑我官兵。疲，五時一刻和衣假寐，六時半又起。晚七時至九時寫『淳化副鄉保長緊急力辦的五件大事。』付印。」（三月二十二日日記）

「今晨二時許便醒，一天精神萎靡困頓，為到淳化來後最疲憊的一天。不思食，不思睡，公事仍是辦的，但已覺精力與所事有不相稱之感，眼陷愈深，骨瘦如柴，奈何！」（三月二十三日日記）

「昨晚未能入睡，服安眠藥兩片，稍睡即醒，三時即起辦公。」（三月二十五日日記）

「情勢在日益增加複雜與激烈的戰鬥中，工作十分迫切，需要加倍努力，努力！在以工作保養身心之下努力！」（三月三十日日記）

一直到了碉線確已堅強，無懈可擊的時候，才聽從醫生勸告，請長假到西安休養。到了西安，慢慢發見政敵的陰謀，和上級的不明事實，惟有長歎！不久監察院發表彈劾案正式成立，而接任指揮官又因措置不當，迫成兵變，淳化失守。幹喬眼見五六年的心血，到此全部破壞。接連嘔血數次，肺結核越來越沉重，最後終於拋下了敬愛的妻和一群無告的兒女，拋下了五六年艱苦相從的同志，拋下了動員工作，拋下了才被解放的十八萬民眾，與世長辭了！

死的消息給中共知道了，在馬欄開了一個慶祝會。販毒走私的要慶祝的，以後鴉片的貿易額可以恢復了罷！做兵運的要慶祝的，以後封鎖線外的出入可以較為自由了罷！土豪劣紳要慶祝的，以後剝削人民操縱地方可以自由了罷！

然而慶祝的爆竹，只是一陣煙就要過去的；革命者生命的火焰，永遠不會滅的！我們要看，千萬人的火焰，熊熊地照耀寰區的時候，這一切魑魅魍魎，逃到那裏去？

遺著（一）論文

論動員

(一)我國總動員的目的

我們從　領袖的訓示中，可以獲得一個極明晰準確的觀念。即：現代國家之特質，就是全國總動員；而一定要能夠全國總動員的國家，然後才能獨立生存於世界。所以，動員工作之實施，實在是我們國家救亡復興的根本要圖。

在此浴血抗戰已經五個年頭的今日，我們才真切的體會到六年前　領袖對於我們的指示之深切著明、之謀深慮遠；才來開始動員工作之實驗，這實在使我們有無限的警惕，有無限的痛心！然而，也正是因為在此，才顯示出　領袖之神睿偉大，才顯示出動員工作之重要，之為我們國家救亡復興的根本要圖。所以，我們所處的環境雖然艱難，而我們的心情卻是欣悅愉快的。我們應當，並且心甘情願的為此具有決定我們國家勝敗興亡的動員工作，而奮鬥！而犧牲！

現在，我們敬謹遵循著　領袖的訓示，及一年來在實際工作中所得的經驗，以至嚴肅的態度，來敘述和綜合我們全國總動員之特質，及其對於抗戰建國的偉大意義與作用，藉此以喚起國人的猛省，以期相與戮力於動員工作之奮鬥與實行！

首先，我們必須切實指明的，就是：我們現在所正在進行的，「以軍隊組訓民眾」的戰時動員工作，其唯一的目的，就在於實行　領袖所指示給我們的「以推動政治，建設國防，培養、充實國家生命力」為中心任務的全國總動員；而全國總動員之目的，就是要「統四萬萬人之心為一心，制四萬萬之力為全力」，俾「全國國民在政府一個號令這之下，共同一致，分工合作，來保護我們的國家。」同時，在原則上，亦就是為達成如德國人所指的Mobilmachung，如英國人所指的Generalmobilization之目的；不過，我們於此一定要再事指明的，就是：世界列強實行國家總動員之目的，雖然在原則上大致相同，惟各個國家的國家總動員所具之特質，及為達成其目的所採取的實施方法與形式，則是千差萬殊的。我國的全國總動員是有我們獨具之特質方法與形式的。準確而深刻的認識我國全國總動員所獨具之特質，是為把握實行全國總動員中心方法的唯一前提。

（二）我國全國總動員的特質

我國全國總動員之第一個特質，就是：世界列強之實行國家總動員，是以統制與運用開始的，而我們則以組織為最根本的重要前提（例如：日寇的國家總動員法之第一條便規定說：本法案中所謂國家總動員，就是：當戰時，為了完成國防目的，而最有效的發揮國家的全力，並運用統制人的與物的資源之謂）。所以發生此種差異的原因，並非基因於方法的或技術的，甚至還不是政策的，而是基因於國情與國勢。這是有其極深遠之意義的，我們之所以鄭重的把此種差異提示出來，就是要我們從事動員工作的同志，對此加以深刻的認識和體會，因為只有對此能夠有準確的估計和深刻的認識，然後才能整個的了解我全國總動員之基本內容，換句話說，就是：我們之所以一定要以組織為最根本的重要前提的原因，正是因為我們現在還沒有足資統制憑藉條件的原故。所以，當我們進行組織的時候，就要同時完成培養充實國家生命力，推動政治與「做到統制」的三大任務。第二個特質，就是：世界列強的國家總動員，是以政治為體，戰爭為用的；而我們則以抗戰為體，建國為用這種差異的意義非常重大，但其所以發生差異的理由卻很簡單。是主要的原因就是當我們建國尚未完成的過程中，即擔當了全體性的全面抗戰，因此，在抗戰的本身，便根本賦有了特殊的革命的性質與內容，而成為了建國工作最重要的與最高的一種形式了。第三個特質，就是：世界列強為補償戰場人力消耗的方法，主要的是利用機器；而我們則以人力替補人力。這是一個十分重要的事實，在這事實上才確切的顯示出了我國人口眾多的威力，才確切的顯示出了我國眾多的人口，實在是戰勝強敵與雄飛世界的要素。第四個特質，就是：世界列強之對於現存物力的統制與運用，是重於建設新的；而我們則建設新的遠重於統制運用現存的。這種迴別的情形，一方面決定了我們的人力動員一定要先於物力動員，而同時，又決定了我們的物力動員又一定要重於人力動員，這是具有十分重大之意義的，把握此種輕重緩急的權衡，就是打擊日寇國家總動員的最有力的機動作用，特別對於淪陷區人心與物力之爭取上，以及對於國際與國之爭取上，有極重大而且現實的意義。

（二）人力動員問題

組織既為我國實行全國總動員最根本的重要前提，而人力動員又為實行組織的唯一急務，故人力動員的問題，就是我們首先提出解決的問題。

我們的問題是這樣提出來的，就是：要怎樣才能免把民眾組織起來呢？為什麼民眾組織的形式一定要採取軍事呢？為什麼組訓民眾的責任一定要軍隊來擔負？我們的答案是簡單的，肯定的，而同時也是有力的。

我們堅決深信，要把民眾組織起來，第一就是要把思想與勞動重新聯結起來；第二就要把勞動與服務重新聯結起來；第三就是要把勞動服務與戰鬥密切的聯結起來。因為構成人類生活本質的基本要素，就是：思想、勞動與戰鬥。而此三個要素，是互相關聯，互相為用的，最健全的人類生活，莫不充分的具備著此三個要素。

歷史上最偉大的思想，其思想的活力，莫不附著於勞動而發為堅苦卓絕的奮鬥行為；世界上最優秀的民族之特性，莫不最勤於創造，勇於戰鬥；社會上最健全的個人，莫不見義勇為，見危授命，以行其心之所安的。孟子所謂「自反而不縮，雖褐寬博，吾不惴焉；自反而縮，雖千萬人，吾往矣」的道理，就極正確而明晰地說明了人類生活之由思想一直發展到戰鬥的本性。

現在，表現為我民族最大的危機，就是思想不能附著於勞動；勞動不能發揮其服務人群的精神，而成為英勇的戰鬥行為，一般自命為具有優越之思想力與知識力的人們，大都把思想與知識看作是避免直接肉體勞動的「符咒」，大家都抱著一副「勞心者役人」的病態心理，終日終生所栖栖皇皇以求者，祇是在不必直接肉體勞動的場合，取得其「役人」之滿足而已。此其所志固已渺小菲薄矣，然其為害則直接斲喪了國家民族的生機和生命，因為這樣一來，一方面，使到一部分最優秀的民族中堅份子，便在意識上，生活上與廣大的勞動民眾對立起來，隔離起來；而另方面，則使勞動成為了商品，成為了剝削的對象。從而，廣大的勞動民眾，亦以為勞動祇是獲得財貨以維持生活的一種手段，在維持個人或家屬生活之外，再不知有國家，有民族。馴至勞動的藝術創造本性與服務人群的精神均喪失無遺，而民族的戰鬥本能遂萎縮到幾乎不能自存的境地，國家亦遂失去了構成武力的重心！

所以，今天如果我們要完成人力動員的使命，要把民眾組織起來，那嗎，首先就要使一切知識分子，均要參加直接的肉體的勞動服務俾克透過勞動服務的精神，使思想克回復其指導勞動的本能和本性，藉此以清算官僚主義的國家觀與「勞心者役人」的人生觀。其次，就是要把勞動與服務有機的結合起來，使全國的勞動民眾，都能欣悅愉快的參加集體的勞動服務，以期透過集體勞動服務的精神，展開廣泛的軍事化、藝術化、生產化的尚武的國民教育運動。這就是說，要以信仰為思想之主體，透過新生活運動的精神，而統一在復興中華民族與實行三民主義的基礎上；要以勞動服務為人力與物力動員之重心：俾全國的人力物力，均克通過全國總動員之脈管，而流注於抗日的戰場之上。務使全民族之血汗，均為國家民族之獨立生存而支付出來，不准任何一個人私有其血汗。血汗是國家的！

領袖對此，早就曾經懇切地要求「全國成年民眾，均應有對國家對地方服工役之義務」，並主張此種工役義務，「宜由政府明定一生對國家服義務工役若干日之期限，及每年為地方服義務工役若干之日之期限。」最後，並曾寄其極深切之希望曰：「倘能全國一致踴躍推行，則收效之宏，成效之速，實可操券而待！」這是一種最深切的希望，同時也是一個最深切的教訓！很明白的，一種具有堅定正確的信仰，具有服務國家的精神，具有共同一致的目標，具有嚴密組織的勞動服務的本身，根本就具備了最充沛的生命力與生活力，最高度的國民經濟的價值與作用，與最堅強民族戰鬥本能與力量的。這就最有力與最具體的說明了人力動員之所以一定要由恢復思想、勞動、戰鬥的本性為中心方法的原因了。

現在要繼續說明的，就是：為什麼民眾組織的形式一定要軍事的呢？而組訓民眾的工作又一定要由軍隊擔任呢？

第一個理由是政治的。這就是說：民眾組訓的工作之所以一定要由軍隊來擔任的原因，就是因為戰時民眾組訓的目的是為著戰爭的原故。更具體的說，就是要政治配合於軍事，就是要民眾配合於軍隊，就是要「一民」，就是要「一民於戰」，就是要「舉國而責之兵」，就是要「令民與上同意，可與之死，可與之生，而民不畏危」，就是要「人人參加戰爭，致力國防！」

第二個理由是論理學的。中國過去數十年來，特別在五四運動之後，民眾組織之在政治、文化與社會運動中，都曾經佔有過相當的地位，這是事實。可是，在嚴格的觀點上說來直至目前止，在中國革命史上，實在沒有出現過真正名符其實的，與具有決定力量的民眾運動與民眾組織。換句話說，就是：過去中國歷史上所曾經出現的民眾組織，無論在意識上，在實力上，均不足以適應目前抗戰之需要。我們目前所需要的人力動員，無論在數量上質量上，在組織上形式上，在性質上與作用上，都是空前的，歷史上並沒有具體的先例。

然而，人們對於此種事實的認識，常常是糢糊的！

我國現代的民眾組織論者，幾乎全數都把組織的觀念建立在機械的論理學的方法上，而其兢兢固守著的組織觀念與方法，事實上是最狹隘最落後的。他們根本就沒有意識到：民眾組織之在國際上，是曾經有過其各自特具之性質，作用與形式的，而決定其性質，作用與形式的因素，並不是論理學的方法論而是當時當地那一群民眾所處的生活環境與所擔當的歷史使命。例如美國：美國自南北戰爭之後，就沒有遭遇震撼全國的，足以威脅其生存的戰爭，而在沒有嚴重的戰爭與革命的美國，它的民眾主要的是在民主主義的形式下，被吸引於社會團體與政治機構之內。這難道是我們可以憑主觀去效法的嗎？又如德國：德國國社黨的民眾組織之所以採取軍事形式的原因，就是因為在國社黨未執政之前，其所期望於民眾組織的主要作用，是要振奮因戰敗而頹喪的人心，以與在民眾中有根深蒂固力量的社會民主黨相博鬥；其在戰後，則為避免凡爾賽條約上之束縛，而達成其重振軍備之目的的原故。至於俄國：俄國的民眾組織，原則上是以黨為核心，而採取社會職業團體之形式的，其運動用民眾組織的方法不是公開頒佈的命令，而是暗中操縱的「黨團」。就是因為當時的共產黨（布爾塞維克）在沙皇嚴酷統治之下，不特具有軍事性質與形式的民眾組織絕對無法存在，而且正是企圖利用社會性的職業團體，以掩護其黨的活動和生存！

現在，我們民眾組織的觀念和方法，是受俄國之影響的，故在形式上與方法上，都很多摹倣俄國之處，這是無可諱言的。但，現在已經到了澈底摒棄與消滅這種落後的，狹隘的與破壞性的民眾組織的觀念與方法的時候了！國人應當澈底明瞭，俄國式的民眾組訓的特質，根本就是破壞性的。牠不是加強國家，而是分解國家；牠不是團結全民，而是離散全民！前者是表現於推翻沙皇，後者是表現於所謂階級鬥爭。這在俄國共產黨的立場言，也許是有其不得不如此之理由的，惟在我國特別在此全面抗戰的今日，我們難道還不應該拋棄，摒除，消滅此種觀念與方法嗎？難道還不應該放棄以黨直接組織社會性質之民眾團體，自限於輭弱狹隘範圍內的落後方法嗎？難道還不應該推動新的力量，採取新的觀念與新的方法，來完成人力動員的使命嗎？難道中國國民黨統治了中國十五年以後，還要倒退到滿清與北洋軍閥統治的時代去，以組織一些工會農會學生會等形式的社會職業團體以自娛嗎？時候已經到了（假使不是過了的話！）我們應當遵奉　領袖「以軍隊組訓民眾」的新觀念與新方法，推動起五百萬國軍，來執行組訓民眾的任務，來實現空前無比的全國人力的總動員！來創造民眾組織的新歷史！

※　※　※

抑吾人於此猶未能已於言者，即「以軍隊組訓民眾」的訓示，不特賦與了組訓民眾以新的觀念與新的方法，而且指示了我們以推動政治的唯一的法門。這就把問題伸展到組訓民眾的最中心來了。

現在，我們一般人都稱老百姓為「國民」，為「公民」，但在實質上，中國現今大多數的老百姓，都只是「家民」，只是「私民」。這並不是和現代若干的社會學者和政論家們所說的一樣，是因為老百姓沒有做「國民」「公民」的知識，而實在是沒有做「國民」「公民」的自由！這在兵役法的施行上，十分明顯的把此「國」、「家」「公」、「私」的性質與比重表現出來了。若就現在征兵的實在情形言，與說是國家征「國民」或「公民」為兵，倒不如說是土豪劣紳與不肖鄉保甲長賣「家民」「私民」充兵來得恰當，現在的縣長，實在還沒有與土豪劣紳及不肖鄉保甲長爭取人民當兵的權能。夫兵役法為法制化了國法。征抽壯丁，又不過徵用一小部分的國民，而其施行之難尚且如此，若欲付與現在的縣長以動員全民的責任，那當然是不可能的事。所以，動員全民的問題，首先就要表現為解放人民的問題。只有把人民從土豪劣紳及不肖鄉保甲長控制奴役之下解放出來以後，然後才能實現人力動員的任務，然後才能推動政治，而保證中央的命令，一直能夠貫徹到每一個國民的身上、心上、行為上。事實上，亦只有中央的命令能夠貫徹到每一個國民的身上、心上、行為上之後，而後才能「統四萬萬人之心為一心；制四萬萬人之力為全力」，才能完成人力動員的任務，才能實現全國總動員！

最後，我們還要分析一個問題，就是：那些土豪劣紳及不肖鄉保甲長，到底是用了什麼一種力量把人民控制在自己掌握之內的呢？這是一般人都認為是封建關係作怪，而封建關係又是基於封建經濟的，政治祇是經濟的反映（上層建築）。但，這是不對的！我們堅信，經濟並不是我們的命運，而中國目前的政治亦不必是經濟的反映，構成土豪劣紳及不肖保甲長之力量的，第一是武力，是幾枝或幾十枝槍，幾個或幾十個，或幾百個心腹家兵家將；（如果有人硬要指這就是封建勢力，那我們就讓他去做夢吧！）第二是由假借而來的政治力（我們一定要深切認識此地所指的假借兩個字所包含的內容；）至於經濟則不過是一種陪襯的力量而憶，並無決定的作用。所以，要達到從土豪劣紳及不肖鄉保甲長控制之下把民眾解放出來，組織起來的目的，那首先就要把民眾武裝起來！所以民眾組訓的方式，就一定是軍事！組訓民眾的任務，又一定要軍隊才能擔任！我們切不要害怕真理啊！

（四）物力動員問題

現在要提出解決的問題，不是：我們有什麼理由說，一定要以勞動服務為物力動員的重心呢？這就要分析到人力動員在物力動員中的作用與物力動員的中心任務了。　領袖於民國二十四年，在其訓勉各省官民致力國民經濟建設的電令中指出；「中國國民經濟枯絕疲敝之所由，為人與物之脫節，為人與事之脫節，為生產要素與生產事業間之脫節，亦為生產各部門間之不相調整，不相聯繫，而為整個之脫節，社會不知生產之重要，產業不能得良好之環境以遂其發展。是以，欲謀中國國民經濟之更生，非先喚起廣大之自覺不可；非人才或人力與天然資源發生密切之關係不可；非使各種人力與生產要素，為全體適當之配置，與全民共同之結合，而使為有效之發揮不可；非改變一切舊觀念，而消除有形無形之障礙不可；尤非調整供求，使生產狀況與消費狀況相應不可。」這就是最深刻與最正確的把人力動員在物力動員中的作用與物力動員中的中心任務指示出來了。現在的問題，就是要怎樣才能把人與物，人與事，生產要素與生產事業，以及生產各部門聯起來呢？要怎樣才能喚起廣大之自覺改變一切舊觀念，而消除有形無形之障礙呢？又要怎樣才能使各種人力與生產要素為全體適當之配置，與全民共同之結合，而使為有效之發揮呢？要怎樣才能把人力與天然資源發生密切關係呢？我們以為：因為上面所提出的問題之重要與廣泛，所以必需採取的方法也要很多，但，我們一定要深切的指出；解決上述問題與達成物力動員之任務的最有力的中心方法，就是　領袖所提倡的勞動服務。

勞動服務，不特具有復興民族精神的偉大作用，而同時也是物力動員唯一的重心，而尤其重要的，就是：勞動服務，一方面是人力動員與物力動員的槓桿，而同時又是全國總動員的軸心，這就可以從革命的經濟學上得到確切之證明的。

依正統派的經濟學者的見解，認為國民經濟的主要要素，就是勞力、土地、與資本，而共產主義的經濟學說，亦認為資本佔有的形式，為造成經濟關係的主要原因。因之，現今我國的經濟學者，不歸楊則歸墨，大家都感於我國資本之微弱，而不足以建立強大的國民經濟，以適應全面性的長期抗戰之需要，這是不對的。

領袖於此，曾經有極精銳透闢的指示說：「財力原不可以驟裕，而人力則我所優為！」此種深切認識我國人力的偉大力量，與把人力在經濟中的作用提高到要素之上的見解，實在是現代經濟學的最高峰，實在已經為我國建立強大國民經濟指出一條成功的道路，我願國人不要忽略了這「人力我所優為」六個字的寶訓啊！這實在是我們完成物力動員的唯一的要素，與建立強大國民經濟唯一的「資本」！抑吾人於此必須指明的，就是：

領袖此種足為革命經濟學圭臬的見解，是淵源於我國古代之經濟學說的，是《大學》上的「有『人』斯有『土』；有『土』斯有『財』；有『財』斯有『用』」的經濟思想之一種綜合，之一種對於建設強大的戰時國民經濟的應用。《大學》上所說的「人」，是泛指勞動力與賦予人身的知識與技術而言的；所謂「土」，則是泛指土地與附著於土地之上的天然的與人為的物資與物具；所謂「財」，則是泛指生產品與代表生產品價值的貨幣等等而言的；所謂「用」，則是泛指民生國計而言的。所以，《大學》上的經濟思想所標示的經濟要素及其所具的經濟原理，不特比現代世界各國的經濟學說來得嚴整，來得精密，來得正確，而最重要的，就是指明了「人」為經濟要素之要素的這一個經濟概念。

我們現在即根據此種新的經濟概念，來敘述「人」力動員在物力動員中的作用，與物力動員的中心任務。

※　※　※

首先，我們必須指明的一點，就是日本強盜雖然奪去了我們的國際貿易的海陸空交通，但，我們卻因此收回了一個任何現代國家建立國民經濟所必需的「海關」。我們雖然受到了一個全面的軍事壓迫，而同時也解除了一個全面的經濟侵略。這是十分重要的一個事實，物力動員的中心任務主要的就要在此種事實上來確定。具體的說，就是我們的物力動員的中心任務，是要利用因此抗戰而得到的國際經濟侵略解除的機會，在現有的「民族資本」，與現存的「經濟技術」之基礎上來建立起一個強大的戰時國民經濟的體系與實力，來支持全面性的長期抗戰，來爭取最後的勝利。因此，我們的物力動員的中心任務，就表現為戰時國民經濟的建設，而不是祇如世界列強一樣，只著重於現存的人的與物的之統制與運用。而戰時國民經濟建設的唯一急務，就是要把人與物，人與事，人力與天然資源構成有機之體系，而把全國的人力與生產，作全體的配備與結合，而使之發揮最高度的效力。這就把問題伸入到人力動員在物力動員中的作用了。

現在，我們所指的作為經濟要素之要素的「人」，與人力動員的「人」，是指現在可能動員三千六百萬左右的役齡壯丁（這個數目，是假定當時全國，除淪陷區外，尚擁有二萬萬五千萬人口之總數，而以耀縣役齡壯丁佔全人口七分之一強的比例計算的），與三千五百萬左右的壯年婦女，與一萬萬八千萬左右的婦孺老弱而言的。然而，我們現在所說的人力動員在物力動員中的作用時，主要的是指此三千六百萬左右之役齡壯丁而言了。換句話，就是此三千六百萬左右的役齡壯丁的「人力」，要怎樣才能通過物力動員的血槽汗管，而在戰時國民經濟建設中，發揮其最高度的作用的問題。

據耀縣人口調的結果，在全縣四萬九千二百四十八人中，男子佔二萬六千三百四十人，女子佔二萬二千九百零八人；而在二萬六千三百四十之男子中，役齡壯丁共計為六千七百二十七人，約合全人口七分之一強，而此佔人口七分之一的役齡壯丁，經過「人力動員」後，每年每人能夠提供六十天至一百天之時間，為國家、為地方服務。這就是說：役齡壯丁每年能夠提供國家的工作時間，約當於其使用於每年勞作時間二分之一。（依我們估計，現在的農民，除去農閒季節外，每年使用於生產的工作日，最多只在二百天以內。）

所以，假如全國的三千六百萬左右的役齡壯丁，亦能如耀縣一樣，把役齡壯丁的五分之四，（五分之一編為全副武裝的壯丁警備班，以備警術地方協助軍隊，不再征服工役。）採取勞動服務的形式，每年課以六十天的工役時，則現在全中國擁有的三千六百萬左右的役齡壯丁中，除去五分之一弱警衛地方的武裝以外，其餘約二千九百萬之壯丁，所能為國家提供的勞動服務的工作日，就有十七萬萬四千萬，假如把此表現為十七萬萬四千萬工作日的勞動力，經過物力動員而使用於國民經濟之建設時，那其所能發生的生產量（生產價值），至少可相當於現在全國民的總生產量百分之五十以上。這就是說，可以把全國民的總生產量提高一半的程度！假如我們把此表現為十七萬萬四千萬工作日為勞動服務的勞動價值（工資），作為「資本要素」而使用時，則中國每年就可以得到表現為國幣八十七萬萬元（每一工作日以五元計）的流通資本了。而壯年婦女與婦孺老弱，在物力動員中所能發生的作用與價值，尚未計算在內。

由此，我們可以確切的說：人力動員在物力動員中，所能發生的作用，是有決定意義的。第一，牠在物力動員的生產要素上每年可以提供十七萬萬四千萬工作日的勞動力，或表現為「資本」的八十七萬萬元；第二，因為大量勞服務的人力的使用，可以將「資本」必須的數量減小到最低的程度，這就是說，可以把我們現在資本恐慌的缺陷，充分的補救起來；第三，由此更充分的證明，此種表現為十七萬萬四千萬的偉大的人力之集體的使用，就足以把人與物聯結起來，把人與事聯結起來，把生產要素與生產事業間的脫節現象，及生產各部門間的不平衡關係，聯繫與調整起來。而尤其重要的是足以喚起國民廣大之自覺，把一切舊觀念，及阻抑著國民經濟之發展的有形無形的障礙，排除淨盡，而把眾多的人口與地大物博的兩個偉大力量在最健全的條件下固結起來。這就等於說，已經把物力動員起來了！

所以，我們說：勞動服務就是人力動員與物力動員的槓桿，就是人力動員的唯一基本方法，就是物力動員的重心，而同時，又是全國總動員的軸心。一切的一切都要繞此軸心而旋轉的。捨此，而欲奢談物力與人力動員，而欲奢望實行統制，而欲……吾未見其可也！世之君子，或亦首肯吾說，默喻於心，而相與戮力於全國總動員之實行乎？不禁傾耳以聽，拭目以俟之矣！

（五）結語

結語？應該說些什麼呢？千言萬語，只歸結到三句忠言：

只要全國實行「總動員」，中國一定是有救的！

中國可以放棄陸海空三條國際交通線，而不可以放棄一個「總動員」！

中國國民可以自己毀滅自己的性命，而不可反對「總動員」！

告警備班官兵書

警備班的各級官長、特務長、班長、班兵、同志們：

就是因為我們警備班官兵之團結忠勇，就是因為我們的部署之嚴密切實，就是因為我們的武器之精銳且多；所以，迫到慣於擾亂碉堡的那一枝華鉤，三四十顆子彈，馱一二個手榴彈的家伙，在兩個月以來，不敢正視我碉堡。惟大家要知道：奸匪是無隙不乘，無惡不作的。他之不敢來犯我碉堡，雖然是他沒有真正的作戰勇氣和力量的表現。但如有機可乘，他一定要來的這點希望我守碉堡官兵，切實注意來則是務要勇敢迎頭予以痛擊一一加以殲滅是為至要！

現在奸匪於本月六日晚已出其所謂「兵運」之下賤手段以對我。並於本月十五日晚開始攻擊我碉堡。是我與奸匪之鬥爭，已入決死爭鬥之階段矣。茲將應注意事項，列告我官兵同志。

所謂「兵運」者。就是派遣奸探，派遣爪牙，千方百計混入我警備班之內。或潛伏在我碉堡營房附近。利用與我班兵這親戚家屬的關係，甜言密語，挑撥煽動，或以大烟，或以金錢，勾結收買我班兵中一二貪財下賤，意志不堅定的份子。平時利用機會，投合我士兵之情意，以圖博得好感。假借種種小事，如伙食不好，官長打罵士兵，官長行為不端。以及造謠說：警備班快要外調等等鬼語，以引起士兵對官長之惡感及惶惑。然後從而挑撥離間士兵與士兵間的感情，官長與士兵間的感情。一到有機可乘之時，或借端一鬧，或放槍擾亂營房及碉堡，或殺害一二官長。如上述之事鬧起來了的時候，這些奸探便向士兵說：「現在你們吵鬧了。放槍了。殺了官長了。（實在吵鬧的只是一二個奸探。放槍的是奸探。殺害官長的亦是奸探。）你們真是不得了哩。大家如不走。一定要受罰的。」企圖以恐嚇我班兵，裹挾我班兵逃入特區。惟我班兵一經上了鬼當，逃入奸區後，這些奸匪的臉孔馬上變了。百般虐待，百般侮辱。因為他們實在十分痛恨我班兵六年來之除奸滅匪之忠勇也。（如十一連叛逃班兵，現被押馬家山，倍受侮辱譏笑。家已散了，自己被禁了。終日哭泣，情極可憐。）因為奸黨對我警備班同志。實在恨入骨髓。他又沒有力量來對付我們班兵同志，所以才用甜言密語來引誘、裹挾，毒心毒腸，要給我班兵同志以苦頭吃呀！我現在告訴大家官兵同志。嗣後凡遇此事你們官兵都用不到恐懼。官兵都要勿為奸探詭計所動，要同心合力極鎮靜的來作迅速有力的處置。如果出些亂子官長也著慌起來。那真是中了奸匪的詭計了。至於班兵，第一絕對不要受奸匪壞蛋的挑撥。就是亂子鬧出來的時候，也是「冤有家債有主的」。你們如能聽從官長的命令或自動把為首的奸探或兇犯綑綁起來。或打傷他，打死他，縱使出了些亂子，也絕對不於你們大家班兵的事。你們官長，你們班兵，絕對不必恐慌，因為這完全是奸匪的陰謀哪！我對於奸匪的陰謀是很明白的，決不會錯怪你們官長和班兵，處罰你們官長和班兵的。你們千萬不要上奸匪的鬼當。惟所希望於官長者，就是要謹慎體察兵心，切實布置防務，勤勞巡查碉堡營房，嚴密體察連絡附近民眾，實心防範。奸匪詭計，決不得逞的。茲將對付奸匪所謂「兵運」的辦法，詳細講明給你們官長班兵聽。大家要同心合力。不動聲色的來實實在在的幹。決能粉碎奸匪「兵運」之詭計的。我們一定能夠把混入我陣營中的極少數的奸探。一個一個拉出來斬首示眾。大家努力！大家放心！

（一）根本辦法

第一：就是要我們的官長，真心實腸來愛護士兵。凡士兵有疾苦困難之事。務要以有效且實際的方法，迅速為之謀解決。噓寒問暖，實心教管。如此能感動士兵的良心，而使之油然而生敬服之信仰。信仰既固，大家就將同家人骨肉一樣深情，一樣關切。如此奸軍雖狡，亦斷無所施其挑撥離間之伎倆也。這是根本的辦法。所以防奸匪搗亂者在此。而所以帶好一排一連一營的兵，帶穩一排一連一營的兵，來固守碉堡，立功疆場者，亦在此也。凡我官長對此均應有衷心的了解覺悟。尤要實心實力做到。

第二：切誡私自准許士兵回家，尤誡私自進退班兵。或以哥哥頂弟弟，弟弟頂哥哥，或以僱工頂主人，或以張三代李四，或竟隨便拉補。只圖湊足額數，不顧份子如何。如此做法，實在為奸匪奸探大開方便之門。害己誤事，莫甚於此，大家務要切誡！我今告訴你們官長，逃兵是免不了的。兵逃了就要報告本部，本部自有妥善辦法來處理。寧可少幾個兵，不可隨便拉人湊補，或私自將逃兵找回。以免奸匪混入我陣營。（因為逃兵中不一定為家務的，有些是出去與奸匪接頭的。）須知奸匪奸探是壞自我們週圍的。以種種方法，希圖混入我陣營，希圖勾引我班兵。如果大家只圖有兵，亂拉亂補，一連一排之內，班兵去而復來，如此做法，正中奸匪的詭計。大家要切實明瞭。

第三：除對班兵要絕對給其吃飽外。不可動輒打罵。尤不可不顧其辛勞而視若牛馬。如放哨、如服務等，務要使之勞逸得宜。既不可使之日事遊蕩，或枯坐寢室之內。亦不可使之受不可忍受之苦，不可使之太閒，亦不可使之太苦。寢室服裝，要有計劃，督令修補洗條。

每天起居操作，要有定時，要有定量，此為帶兵之大經大法，切要做到。蓋如是，而後才能使士兵得其所欲，得其所安，得其所息也。

第四：對於班長班兵，應時加獎飾，時加勉勵使其對於當警備班之前途感到興奮與滿意，轉移其戀念家庭務農終老之心，而發憤上進。此事至屬重要。因為如果班兵對於前途已經失望，心心念念縈繫家計妻孥，則其志氣必隨之沮喪，且感痛苦與難受。惟我官長對此，應絕對不說不兌現的話，而以極實在的言語安慰他，極有用的財物（即十元八元幾兩肉幾顆豆蔬亦極有用）慰勞他。同時更要以極現實的將來告訴他。（如現在每人每日加發麵子五分之一斤，不使其受餓。制定優待班兵條例，不使其家庭受窘。每兵每年得請假七十五天，使其有回家料理家務之機會（條例即頒發）。以及在將來收復匪區後，煤礦匪地均將分配給班兵等。如此苦口勤勉實惠安慰。庶能使之志伸氣壯。而漸漸樂於充當班兵，立志奮鬥也。

第五：對於班兵之考核，應極細密的透視到其內心，用種種方法試驗其品性，測量其內心之痛苦與慾望，判定其勇怯程度，測定其可靠程度，切不可先從表面著眼，以耳代目，表面看人，尤不可專喜士兵逢迎。要知道：實實在在是有忠肝義膽的人，是不肯隨便逢迎人的。更不可為滑頭虛假，專憑嘴說。在面前做得起勁，一背面便無所不為，無惡不做的人所迷惑。要知道，過份逢迎官長，過份賣好士兵，過份愛管閒事之人，其居心是不可測的，千萬要留心。

第六：認識奸探之要點：

（一）對於禮節隨隨便便。

（二）喜歡說話，且說話曾經訓練者，類似奸匪口氣者。

（三）過分奉承官長，專喜藉端與官長接近者。

（四）專喜買好士兵，伙伕，勤務兵，號兵，以圖博得士兵好感者。

（五）編入時有乘機混入情事者。

（六）過去曾在社會活動。並與奸匪有經濟親戚等關係者。

（七）已逃而又復返。且時常借端外出者。

（八）憤怒於心，而有極力抑制不發露者。

第七：最後的方法，也就是最重要的方法。第一要廉潔自守。對於軍麥不可多領一粒，不可少給班兵一粒。不可私取一粒，多領為私吞軍麥，最易引起士兵注意與不滿，最易為奸軍鼓動之藉口。如正當食用以外，尚有多餘時一定要公佈，一定要給全連共享。第二生活要嚴肅，要早起。不可稍涉浪漫，不可貪圖舒服。因為班兵拋妻棄子，離父背母來跟你們，其內心實在情有不得已。惟其情有不得已，故其感情易於動盪，易生反應。如果你們官長有浪漫不經之言行，或遲起或肆意差使其為自己私人做他不應做的事時，士兵口雖不言，惟心裏便覺得太不值得了。跟下來亦沒什麼出息。此心一生，百病都出。第三帶兵之道不外「公」「明」「勤」三字。公則賞罰得宜。賞一人，能使全排全連班兵心服，大家羨慕。罰一人，能使全班畏懼，大家相戒。明則兵心脈搏一動一彈，都能知道，都能明瞭。並能就兵心之真情，好的加以鼓勵發揚；壞的加以防制泯滅。如此，然後能使兵心安定。甘心情願來跟你們。講到勤字，這最有用，亦最快樂。無知人之常情，常喜好逸惡勞。此最可憐可憫，亦最可惜可嘆。蓋好逸惡勞之情，正如頑童之好嬉惡學也，終將貽誤終身矣。現在我敢坦白而真誠的對我各級官長說：人生最大的快樂，是要從勤勞中得來的。而成功立業的秘訣，亦只有「勤勞」兩個字。故古語云：「勤勞可以興國，逸愉足以亡身」，也就是這個道理。這在常人看來剛剛相反，平常人以為「逸愉可以快身；勤勞實在辛苦。」何以竟如此相反呢？這也有其原因及理由的。勤勞在生理的感覺上，最初當然辛苦的。但苦盡甘來，其中實在有極美極喜之快樂。逸愉在生理的感覺上，當然雖覺得舒服。但樂極生悲，舒服中正含有極大的痛苦與煩悶。故我官長同胞，要識透此道理。要能在勤勞中尋取快樂，要在勤勞中來做成一個名將。比如我吧：我為什麼一天勤勞呢？在你們或以為為事業吧。但是我，則事業尚在其次，無足輕重最重要的，是在勤勞中尋取快樂，在勤勞中來發揮生命活力，在勤勞中來創造詩意的人生。凡此，我雖然沒有完全達到目的，但我每天每月每年中，都能感受到不少無比的快樂。這快樂，決不是錢可以買到的，也決不是遊嬉貪睡的人所能夢想得到的。

黎明前即起：對當天的營務如何整頓？對當天的訓練要如何實施？對當面的敵情要如何設法查明？對當面的敵人要如何防範？對當天的戰備要如何部署？對士兵要如何撫慰？對武器要如何保護擦拭？對伙食要如何改進？對碉堡要如何巡視指點？對自己要如何鍛鍊修養？都要正襟危坐，平心靜氣的想得一個透澈。想出一個辦法擇要寫在紙上。在一天中要照著預定的程序來工作；來生活。心到，口到，手到，足到，樣樣都做得實在週到，樣樣都做得有血有肉，樣樣都做得有生氣有力量。苟能如此，只怕兵帶太少，那怕兵帶不穩帶不好。只怕敵人不來入碉，那怕敵人東犯。只怕奸匪不敢混進我陣營，那怕奸匪搗亂。到此境界，真是氣壯山河，有恃無恐，心悅神舒，快樂無比。這比糊裏糊塗活一天，真有天壤之別，苦樂不可同日而語呢！到了晚上，除提起手提機槍，帶好士兵不時巡視營房碉堡外，（營連排長每晚至少要分上下半夜巡查兩次）並靜坐尋思一天所作為。並計劃明天應做的要事，或讀書寫字，或散步，或沉思。如此一天一天做下去，不特一排一連一營的可以帶到穩如「手提」的境地，並且經過一年半年以後，保證能把士卒帶到百戰不散，至死不屈的境地。這在生活上說，已入詩境。在帶兵上說，亦已近乎名將矣。否則，對防務既弛懈不理，對生活更莫名其妙，平時帶兵既如路人，對兵心更不透悉，想到前途既屬渺渺茫茫。對於防務自覺已毫無把握，不明敵情。不知自處，甚且遲起早睡。剋扣兵糧，虐待士兵。貪污浪漫，弄得自己滿心骯髒，神魂不安，既疑上官察覺自己的污點。更怕部屬譏評自己的行為。到了後來，自己亦覺得無法再活下去，無法帶此一排一連一營的兵了。蓋勇氣既消磨於不端之行為，意志乃無形而萎縮。一聞鶴唳，便覺惶然。如此做人，當然失敗。如此帶兵，豈有勝理。跡其原因，實由自取也，豈不哀哉！

第八：特務長應一本天良，不浪費一粒食麥，不私吞一粒食麥。想盡方法，務使士兵吃飽，是為至要。如有敢貪污舞弊者，一經查實，即予槍決。

（二）嚴密的部署

今日我軍已擔任守護此一百四十里長度之國防線。毋論在職責上，在意志上，在中央軍校學生之身分上，都要固守下來。把匪殲滅，大義昭然，責無旁貸。並且以我軍六年來官兵之團結，裝備之精良，軍政之切實配合，以對付奸軍，已有勝算，決無不能固守之理。所待我官兵同志拼命努力做到者厥為：

指揮站、大隊、連、排、班、碉堡等單位，一方面要有獨立作戰的切實佈置及準備；一方面在指揮站與指揮站之間，營與營之間，連與連之間，排與排之間，碉堡與碉堡之間，碉線各連與排之間，排與各班之間，要相互商定。或由該管長官規定，極密切實而機動，且具有韌性抗力及兇猛攻擊力之部署。

茲將部署應依據之原則列下：各指揮站之團長、副團長、大隊長，均應於此書到達之日，親督各連長排長副排長依此原則，對該連該排防線之地形實有之兵力及任務，即日作切實有效之部署，要部署到毫無遺策，無懈可擊之境地，並對官兵盡可能範圍內講明實際發揮戰鬥之要務；將部署經過附圖呈核，切勿隨便出之，更勿遲遲延為要！

指揮站應就所守防線正面，及防線所佔地區範圍內之鄉保，作獨立作戰之配備。並對軍政作切實有效之配合。除碉堡守軍與控制部隊既要部署到星羅而棋佈，而又挈領而提綱，要有重點；散而有重心，聚而不露漏隙，至於該站該大隊防線範圍內之鄉保工作，要適應軍事之要求，加強起來，配合起來。務要做到集軍政民有形無形之力量以赴戰的程度。其中最重要的：就是要由團長副團長大隊長連長親自督率排長副排長，將一排所守之碉堡，佈置成一個能獨立戰鬥的單位。某幾個兵品格如何能力如何，膽量如何，忠實性如何；那幾個兵要混合住在那一個碉堡。（在不分割班之建制之原則下。可酌量抽調。）那一個碉要由班長統率，那一個碉要由副排長親帶，排長應帶幾名兵住在那一個碉。凡此，都要佈置得妥妥穩穩。首尾能相顧，彼此能相枝。假定：（一）敵人來攻某碉，其餘本排名碉如何救援，排長如何處置，都要有切中敵情的想定。都要有好幾種切實可靠週到的準備。如此一碉有警，各碉有切實救援之力。全排有警，排長有迅速處置之實力。務使一排防線，壁壘森嚴，兵力活潑機動。敵如來犯，必能痛殲之也。

一排如此，在一連防線之內，要佈置到第一排有警，第二排能作有力的夾擊或包抄；第一第二兩排有警，第三排能作有力的夾擊或包抄；全連有警，連長能迅作有力的反擊與處置。而控制部隊，於此，更要作支持全線之準備與部署，勿使作個人之衛隊為要。果能做到如此境界，不特兵心可安，士氣必壯，且於防務始有做到固若金湯，無懈可擊之境界也。願切實迅速行之。至於指揮站之控制部隊，更要時時刻刻準備，一遇有警，不分日夜，立即可以出動，且能予敵以痛擊。此外假如嗣後再有班兵潛逃奸匪情事時，務要及時將其制止。如制止無效時，即予殲殺，不容其從容避逸。此則應由啟超、文華、天健、竹古、傳禎、天蟾、福生諸兄，想定週密辦法，親自口授各營連排長，再三囑咐其默記於心，切實準備，時時防範，勇敢處理者也。

總之：今日本軍既已進出於決死戰鬥的陣線之上，奸我勢不兩立。以我警備班兵素質之優良，官長精神之團結，裝備之精良，彈藥之豐足，以之消滅奸匪，直易事耳。所衷心切望於我官兵者：以必死之決心來完成此必成之事耳！願我各級官長、副排長、班長、班兵忠勇以赴之！

梁幹喬　三月十七日清晨

〈齊物論〉釋

1、南郭子綦隱几而坐，仰天而噓，

噓，乃臉略現笑容，奄奄噓息也。蓋神氣上之奄奄噓息，與神情上之似笑非笑，乃為潛意識本能與身體歷程發生接觸，連帶而起之現象；猶如生甫三四週之嬰兒所表現似笑非笑之形情，同為本能之作用，非關理智也。漆園之學，固以精神全人格之研究為入手法門者也，南郭子綦特精此道，能去「知」離「形」同於大通之得道之士耳。

嗒焉

嗒焉，乃知覺意識喪失貌，乃心理變化所生之神情，非生理變化所生之形情，有如世俗之所謂「解體」者也。嗒焉略與窅然之意同。〈逍遙遊〉云：「堯治天下之民，平海內之政，往見四子於藐姑射之山，汾水之陽，窅然喪其天下焉。」此所謂窅然喪其天下者，非謂實際上喪失其所有之天下，乃心理上忘情於其所有之天下耳。嗒焉之應理解為心理變化所生之神情，實為了悟《南華》微旨之鎖鑰。歷來註疏解釋《南華》者，均將嗒焉誤為生理變化所生之形情，故其為說，無往而不失之矣。

似喪其耦。

耦蓋吾我對舉，或天人對舉，喪其耦，乃心理學上情境之變化，非哲學上心身或心物之變化也。吾也，天也，人也，在《南華》中時常用作主要之術語。吾與天相當於現代心理學上所指之潛意識本能；而我與人，則相當於自我的心系統。喪其耦，乃心理上得天遺人；或吾存我喪之一種情境也。

顏成子游立侍乎側，曰：「何居乎？

居，為語助詞，《禮記・檀弓篇》：何居？我未之前聞也。鄭注：居，讀姬姓之姬，齊魯之間語助也。又《左傳》襄二十三年：誰居？其孟椒乎？又《詩經・柏舟》：日居月諸。均其例也

形固可使如槁木，而心固可使如死灰乎？今之隱几者，非昔之隱几者也。」

此特借一個未得道者心目中之子綦以起問，而申天人之辨耳。

子綦曰：「偃！不亦善乎！而問之也。今者吾喪我，汝知之乎？

吾喪我，斯即心理生活上，得天遺人之情境，亦即漆園所謂以其心得其常心之情境也。

女聞人籟，而未聞地籟；女聞地籟，而未聞天籟夫！」

本段要旨，隱以天籟、地籟、人籟，以喻人類心靈之有三種本質與三個領域，漆園對

此本質與領域，且引用術語以闡述之。在動的意義上稱此三種本質曰「知」，曰「心」，曰「常心。」如〈德充符〉篇：「以其『知』得其『心』，以其『心』得其『常心』」，是其例也；而在描寫上，則稱之曰「是」，曰「我」，曰「彼」。如本篇：「非『彼』無『我』。非『我』無所取『是』」是其例也。「是」與「知」，相當於現代純粹心理學上之知覺意識；「心」與「我」則相當於自我；「彼」與「常心」則相當於潛意識的伊底。漆園且稱之為真君。此種對於心靈分類的意旨，與現代佛洛德氏（Frevd）[6]之分類法大略相似，而實不同。佛氏蓋劃分人類心靈之潛意識的伊底，自我，超我為三種特性與三個領域，而知覺意識不與焉。而漆園則以「彼」，「我」，「是」為人類心靈之三種特性與領域，而成心（超我）則祇為「我」之一種屬性而已。此在佛氏之徒視之，當大驚異，而漆園固高人一等，雄視現代心理學界也。不特此也，漆園亦猶現代最進步之心理學家然，以為人類心靈，有如飄浮於大洋之冰山，其大部固潛隱於水下，其出現於水平線上者，祇一小部分耳。漆園之言曰：「不知深矣，知之淺矣」（見〈知北游〉篇）云云。故在其描寫上，又常分人類心靈為「天」為「人」，而在動義上，則稱之為「吾」為「我。」「天」與「吾」是為人

6 正確拼法應為Freud。此處正文保留梁幹喬先生原文。

類心靈之本然的潛隱的，相當於現代純粹心理學之潛意識的伊底；或所謂非意識的「我」與「人」，是為意識的，故「天」也，「吾」也，「人」也，「我」也，在《南華》中均為一個術語，有其一定之含義。特惜自郭子玄以降無人能識之耳。

子游曰；「敢問其方？」

問三籟之所以也。

子綦曰：「夫大塊

大塊之解釋，時代愈古，其所含自然神祕之成分亦愈濃。蓋當古代，自然科學未大是明，對於風之所從出，與夫人足所履之地，尚含有極濃厚之自然神祕觀念，上溯漆園所處之時代，更有甚焉者。故大塊應兼賅不可思議之神與人足所履之地兩義，庶幾可符漆園當時使用大塊兩字之本意耳。

噫氣，

《說文》：噫，飽出息也。按當從《說文》，蓋當漆園時代，對於大自然之了解，尚極樸素，故常借用生理的或心理的經驗，以稱大自然。故大塊噫氣者，意謂風之作也，乃不可思議之大自然，亦猶人之噫氣而成風耳。

其名為風，是唯無作，作則萬竅怒呺。

章太炎謂：「風喻意想分別」其說雖非，蓋已依稀得之矣。風蓋喻漆園自喻其所謂「天」之由靜而之動之景象也。意謂：萬竅怒呺而生於風之作，而天心之動，則使情意覺識之併發也。

而獨不聞之翏翏乎？

此喻天籟也。子綦蓋欲子游審聽此長風起未受制於竅穴時翏翏之長聲，而默喻「天」心未受制於「心」「是」時之本然景象耳。

山林之畏佳，

奚侗曰：「林，當為陵；畏佳，猶言崔嵬，並與隹隗，摧崣同。言山阜之高大也。

大木百圍之竅穴，似鼻，似口，似耳，似枅，

憨山云：有方孔之似枅者。

似圈

憨山云：有圓孔之似圈者。

似臼

憨山云：有孔，內小外大似舂臼者。

似洼者，

憨山云：有長孔似有水之洼者。

似污者。

憨山云：有淺孔，似水之污者。

激者，

宣茂公云：如水激聲。

謞者，

宣茂公云：如箭去聲。

叱者，

司馬彪云：若叱咄聲。

吸者。

司馬彪云：若噓吸聲。

叫者，

司馬彪云：若叫呼聲。

譹者，

司馬彪云：若譹哭聲。

宎者，

宎音杳。宣茂公云：深而聲留。

咬者，

宣茂公云：鳴而聲清。

前者唱于，而後者唱喁。

李頤云：于喁，聲之相和也。

冷風

零風。

則小和，飄風

大風。

則大和。

自山林之畏佳起，至飄風則大和一段之主旨，端在隱喻「心」之特性，意謂：眾竅雖有待於長風而成眾聲，惟一經成為眾聲後，亦即于喁相和，自成節奏，若出天然；雖則若出天然，然究非天然也。此猶駢拇枝指之附麗於形骸，而究非道德之正；情意覺識之存在於人類心靈而究非性命之情也。

厲風濟，則眾竅為虛。

凡此眾聲，特因於竅而成於風：凡此諸情，特生於心而主乎天心之本能。厲風濟，則眾竅為虛矣；苟無本能，則「心」亦不能獨有諸情。

而獨不見之調調之刁刁乎？」

此重喻天籟也！子綦既使子游審聽翏翏長聲以喻天心由靜而之動之本然，於此復使子游再審視調調刁刁之形影，以喻天心由動而之靜之本然。

子游曰：「地籟則眾竅是已；人籟則比竹是已；敢問天籟？」子綦曰：「夫吹萬不同，而使其自己也。咸其自取，怒者其誰耶？」

郭子玄云：「此天籟也」云云，其陋甚矣！此特以天籟，地籟，人籟，譬喻人類心靈之有「知」「心」「常心」，以譬喻之方式並說明「知」「心」「常心」之特性後，綜結「心」之所以成其為「心」，與夫「常心」之所以成其為「常心」耳。以上整段均以天籟為線索者，指明天籟亦非一次，豈至此始點出天籟耶？此則不能不佩服宣茂公之見矣。茂公以其熟讀之功，竟能恍惚悟到。凡此一段，均應與下一段相配讀，特惜其亦未解此段為妙喻心靈生活，下段則為直接描寫之耳。

以上為人類心靈生活及其歷程之妙喻。原夫心靈之為心靈，最難體驗，更難辨別其為天，其為人，即體驗既已純熟，辨別亦能清晰矣。而欲介入抽象之名詞而加以描寫，亦非易易。蓋體驗描寫者為心靈，而被體驗描寫者亦為心靈也。是心靈既為客體，而同時又為主體，主客之間不特我執叢生，而其各領域之特性及交互錯綜的關係，亦復閃爍迷離，變化迭起。故漆園雖主去「知」離「形」，要亦不得不因「是」以得「心」而以「心」復其「常心」也。不特此也。漆園亦猶現代之心理學家然，對於最難闡述與最難描寫之心靈生活及歷程，亦常乞靈於譬喻。初不知喻亦有其難喻者存焉。今且翹吾兩指以喻曰：「吾有兩腿焉。」是吾喻之所以為喻，端在「兩」與「腿」耳。若有人焉，就吾之言，執吾指也求吾腿焉，則惑甚矣！久矣夫！漆園之學之為迂儒俗僧羽客之所曲解附會，而至於晦澀不明也。談玄者，率騁其玄，罕窮實理。訓詁者，務碎其義而避其難。坐使二千餘年來，《南華》雖被尊為真經，漆園雖被尊為真人，要亦「真其所真」耳，曷嘗窺《南華》微旨於萬一哉！

2、大「知」閑閑，小「知」閒閒；大「言」炎炎，小「言」詹詹。

自大「知」閑閑，到其所由以生乎一段，乃緊接上段對人類心靈之生活及歷程妙喻之後，而描寫之也。斯為漆園學說之精神，陳義之精，閃爍千古。特從無人能識之耳。此段要旨，首在指有人類心靈生活本能的情境既可化為「心」的情緒，而意識的「知」與「言」，亦可能復歸於潛意識的屬於潛意識的「知」與「言」，漆園稱之為大「知」大「言」；其屬於意識者，則稱之為小「知」小「言」。

其寐也，「魂」交；其覺也，「形」開。

即此寥寥十字，足抵佛洛德氏一部夢的學說。魂蓋指潛意識的意念，「形」乃為「心」之特性。其寐也魂交者，意謂當人們於睡寐之時，其理智的監察力因而弛弱，故潛意識之精魂，得衝出自天心之領域而與殘餘的心性相交接而成夢。其覺也「形」開者，則謂人在夢中潛意識之精魂固得衝出天心之領域而與心性相交，惟當覺時，則精魂與心性又將為「心」之特性所隔開，於以見心理生活上多種特性之囚殺，而主奴起伏之無定也。

與接為構，

與猶下文不知其所為使之使，《墨子・尚賢篇》：「古者舜耕歷山，陶河濱，漁雷澤，堯得之服澤之陽，舉以為天子，『與接』天下之政……伊摯，有莘氏之私臣，親為庖人，湯得之，舉以為己相，『與接』天下之政，……傳說被褐帶索，庸築乎傅巖，武丁得之，舉以為三公，『與接』天下之政……」凡此「與接」之與，在《墨子・尚賢篇》下，皆作使接，章太炎凡訓為觸受，近是，惟未得正解。接，應訓為接受也。與為主動，接為被動，與接蓋包含主動被動兩種因素也。為亦猶使也，《易》〈井〉九三：「為我心惻」，王注云：為，猶使也。構亦猶接也。主動曰為，被動曰構。主動轉為被動，與成為構；被動化為主動，接成為為。與接為構者，蓋形容人類心理特性互相囚殺，纏繞相生。佛洛德氏且謂心理生活上抑制之特性，一定要先被抑制，而後能發生抑制作用，此與漆園之說若合符節。

日以心鬥，

以亦訓使，《書・君奭篇》：「其唯王勿以小民淫用匪夷」，《管子・水地篇》：「可以取魚鱉。」《孟子・公孫丑篇》：「管仲以其君霸，晏子以其君顯。」均其例也。日以心鬥者，意謂心靈各種特性之互相抑制，使人心日陷於囚殺鬥爭也。

縵者，窖者，密者，小恐惴惴，大恐縵縵。

此繼心靈特性交互囚殺後，描寫本能生活也。其文如冰壺濯魄，其理震古閃爍，讀此嘆觀止矣！縵、窖、密、惴惴、縵縵，均為本能受「心」之壓抑歷程所產之情緒與情境。蓋本能極難直接覺知，故在描寫上祇能從其表現之情緒，推揣得之。此在現代心理學家固屬如是，而漆園端在舉此說明人類心靈生活最難覺知之本能生活之內容者也。凡此情緒，均起原於內心，而非發生於外界，且不為意識所覺知。近代佛洛德氏分析此情緒之表現，名之為神經性的焦急，其說與漆園本文之所覺不謀而合。佛氏之言曰：「這種焦急，可有三種方式：

（一）為飄浮著的，一般的疑慮隨時可以引起而依附於任何種性的可能的災難，如見於典型的焦急神經病者（幹喬案：此即漆園之所謂縵者也；）（二）這種疑慮，可先緊附於某種觀念，如見於驚悸病者。（幹喬案：此即漆園之所謂窖者也，窖即一種特性，即緊附或附麗於另一特性之義。）（三）為見於歇斯的里亞症，及其他嚴重神經病中的焦急，此種焦急，或隨症候而起，或單獨表現，或忽來忽逝，或來而不去者若干時，但常沒有什麼外界危險可為其焦急的顯因。（幹喬案：此即所謂密者也。）至於惴惴縵縵，亦為描寫本能之情緒，惟在現代心理學上，則稱之為「焦急的反應」，此亦與佛氏之學說相合。佛氏之言曰：「焦急的反應，可有兩種途徑：（一）焦急的發展，或舊的傷害的經驗之重複喚起，以一符號為唯一的目標，或逃避或自衛，終能適應危險的新情境（幹喬案：此即漆園所謂小恐惴惴也。）（二）舊經驗控制了一切，而整個反應因焦急的發展而枯竭。於是情感的狀態，使全身癱瘓而無從適應目前的情境。」（幹喬案：此即漆園所謂大恐縵縵者也。宣茂公釋為迷漫失精，近是。）

其發若機括，其司是非之謂也；其留如詛盟，其守勝之謂也。

自其發若機括，至莫使復陽也止，乃繼本能之描寫而闡「心」之特性及其歷程也，而本段四句又為描「心」特性中「成心」之特性也。原夫「心」之性質中，包含著一種特性，現代佛洛德氏稱之為「超我」或「良心」。而漆園則稱之為「成心」；如本篇所謂：「夫隨其成心而師之，誰獨且無師乎？奚必知代而心自取者有之，愚者與有焉。未成乎心而有是非，是今日適越而昔至也」，是也。蓋成心之在「心」生活中，隱為人生理想之代表，故「心」之另一特性「自我」，常從而師之；而成心亦隱以「師」自居。對「自我」實行具司察、批評、懲罰之職能。因之在「心」的生活中，作用為是非辨與罪惡感等等之所謂「理性」。其發若機括，其司是非之謂也；其留如詛盟，其守勝之謂也者，意謂「成心」雖對「自我」作司察等之職能，然亦非經常如是，而有其週期的現象。佛洛德氏對此，常舉憂鬱病者為例，而伸論其學說曰：「憂鬱病者在健康時，其責己之嚴或不嚴，和一般人無異；但病來襲時，他的『超我』便過份虐待了他的不幸的『自我』，威嚇他以最嚴酷的懲罰，責備他以久已過去而淡忘了的行動，好像搜尋種種不滿意的證據，只是等待力量增加的當兒，而實施其懲罰。」

其殺如秋冬，以言其日消也。

此言「心」與「常心」之相互關係及歷程也。殺，與〈在宥篇〉：「人心排下而進上，上下囚殺」之殺字同義。進上蓋相當於現代心理學上「潛意識本能的意力之向上衝動。」排下，則借喻為自我對於衝動之壓抑也。秋冬，則為狀喻上下囚殺之景象耳。以言其之以，猶乃。《禮記・月令篇》：「是月也，以立春。」《左傳》襄九年：「會於沙隨之歲，寡君以生。」《淮南子・俶真篇》：「其用之也以不用，其不用也而後能用之。」《文子・微明篇》作：「其用之也乃不用」，均其例也，其殺如秋冬，以言其日消者，意謂：自我對潛意識本能的意力衝動之壓殺，使其與伊底之一部分脫離關係也。

其溺之所，

所，猶本篇：「及其至於王所」之所，猶處也。

為之不可使復之也。

本段蓋承上段「其殺如秋冬，以言其日消也」言，意謂其被壓抑，而沉溺於潛意識領域之意力雖竭盡自己意識之努力，亦不能使此衝動回復於意識也。

其厭也，如緘，以

以，猶乃。

言其老洫也；近死之心，莫使復陽也。

此段本旨乃緊接上段「不可使復之也」，而申論意力之被壓抑後的情形，與夫被壓抑後之意力失卻其復陽之作用，雖為之而莫能使其復入於意識，故以老洫、近死以形容之耳。據現代心理學之研究，以為被壓抑於潛意識伊底領域之意力固非靜的，仍向上衝動，而欲得一表示，而其特性，更是歷久不失不滅，煥然若新也。

喜、怒、哀、樂、慮、嘆、變、慹、姚、佚、啟、態，樂出虛，蒸成菌。

此段，漆園於闡述其心靈囚殺之微旨後，特舉最為人所覺識亦最為人所注意而作用為情緒之表徵的喜、怒、哀、樂、慮、嘆、變、慹、姚、佚、啟、態諸種感情，特著重指明曰：「凡此感情，特如樂音之出於虛，如菌形之成於蒸耳，非心靈之本然也。」於此點出人類所賴以表示其意識之諸種情緒，特虛幻耳。

日夜相代乎前，而莫知其所萌！

此緊接上段再點明天心之本然也。意謂天心豈特無喜怒哀樂慮嘆變慹姚佚啟態之情緒已乎？更不知有所為時間經過之認識也。天心真如關尹所云「無知、無覺、無時、無方」者爾。

已乎已乎！旦暮得此，其所由以生乎？

此以懷疑之口氣，以思辨之詞句，以綜結本段心靈生活之直接描寫，而開下段對於心靈生活思辨之端也。已乎已乎之已，與〈逍遙游〉篇「至人無己」之己同其含義與內容，乃指

「心」或「我」之心系統也，得此，謂得不知其時間經過認識之天心，而形成「已」也。旦暮，在《南華》中常用為非肯定時間之形容詞，如本篇云：「萬世之後一遇知其解者，是旦暮遇之也」，同誼。意蓋隱謂所謂「已」者，特於不期然而然之際，得此天心之本能，而形成其「已」耳。

此段為本篇之精華，亦為《南華》微旨之所寄，其陳義之深湛，固如日月經天歷久彌光矣，而其敘述之謹嚴，亦與現代最進步之心理學說若合符節焉。佛洛德氏之闡述其學說也，以過失心理學上之舌誤、詼諧、過失、遺忘開始，而漆園亦以大知小知，大言小言為其端倪；繼以夢的學說，而漆園亦繼大知大言而敷陳其「其寐也，魂交；其覺也，形開」之妙諦焉；再繼以神經病論，漆園則以縵者、窖者、密者、惴惴、縵縵以為之說明；又繼以心理人格之解剖，漆園亦以「其發，其留，其殺，其溺」以闡論其心靈囚殺之特性；最後殿以人生哲學，而漆園亦以「物無非彼，物無非是」，由心理之境界，而轉入於哲理之境界焉。噫！遠矣！將謂其為巧合歟？何相去二千餘年，相距萬餘里，生不同種族，言不同音調，書不同文字，而竟能巧合一至於斯乎？於以見道之亙古長存，特在得之全不全耳。得之全者，雖放諸萬世而皆準也，雖千迴萬變而同宗也。道豈遠「人」，「人」自溺喪而不知歸耳。

3、非「彼」無「我」，非「我」無所取「是」。

此段仍繼心靈描寫之後，而加以思辨也。「彼」郭子玄訓為自然，幾矣，獨惜子玄不能了悟「彼」究為如何之自然耳。「彼」在《南華》中，常被用為術語。在哲理上，其含義乃指大自然；而在心理上，其含義蓋指人類所稟賦自天地父母之天然的心性，相當於現代心理學上之所謂潛意識的伊底，漆園亦稱之為「天」或為「常心」。斯為人類精神人格模糊而不易捉摸部分，其特性不易形容，即現代心理學家亦所知甚少，所可得而言者，此在人類心靈生活中具有決定作用之「彼」，必於某處與身體歷程相接觸，固以取得本能之需要，而予以心理的表示，並藉「自我」為媒介，而與外界接觸而已。「我」相當於現代心理學上所指的「自我」，漆園亦常稱之為「己」或「心」。「我」，初亦為潛意識伊底一部分，特因其接近外界實在，而被影響改變者耳，漆園形容其被影響改變之歷程為「旦暮得此」，為「一受其成形」。「是」，漆園亦常稱之為「知」，相當於現代心理學上之所指的知覺意識。本段要旨，蓋謂：「我」原為「彼」之一部分，即「我」之所以能成其為「我」的勢力，亦借自潛意識的伊底，故曰：「非『彼』無『我』。」然而苟無自我介入知覺，且在心理活動時發生意識現象，則亦無從形成知覺意識也，故曰：「非『我』無所取『是』。」

亦近矣，而不知其所為使；若有真宰，而特不得其朕。

「非『彼』無『我』，非『我』無所取『是』。」斯為漆園對於心靈生活及其歷程思辨的大前提，故在開宗明義說明「非『彼』無『我』非『我』無所取『是』」之後，而又以懷疑之口氣，大致固如是矣。惟究何以使之必如是乎？其中似有真宰，而其真宰又杳不可尋，如此對上一束而開下文對於天心本體之論辨，其文既如天馬行空而又合乎現代科學上嚴格之思辨。

可行已「信」，而不見其「形；」有「情」而無「形」，百骸九竅六藏，賅而存焉。

已，猶既，業已之意也。「信」在動義上，相當於現代心理學上之所謂「影響」；在描寫上，則相當於所謂「信驗」。「形」為心理之名詞，其義相當於現代心理學上之所謂「特性」，非如俗解之為形體，或朱白方圓也。「情」，在動義上，乃指本能意力之衝動；在描寫上，含義有如現代心理學上所謂「本能」。此段意謂：彼之生我，我之取是之心理歷程，祇能人其必然表現之影響或信驗，而使人覺知有某一種心理特性正在活動，不得不承認其存在耳。而活動之特性為何，則固不可得而知也，故曰：「可行已信，而不見其形。」事實上此種活動，亦只有一定之衝動耳。其何以衝動？衝動之性質如何，固難直接覺而知之也。故曰：「有情而無形」，意者，凡此心理之相互依存之關係及其活動之歷程，亦如人類生理上百骸，九竅，六藏之兼賅並存焉爾。

吾誰與為親，汝皆悅之乎？其有私焉。

「吾誰與為親，汝皆悅之乎？」意蓋為應有所親也，因而點出人之與心靈諸特性，固應有所輕重於其間也。於此為下文其有真君存焉，預為一說。

如是，皆有為臣妾乎？其臣妾不足以相治乎？其遞相為君臣乎？其有真君存焉。

此段蓋謂凡此諸心靈特性，既已並存於人類心靈之中，然則其相互關係何如乎？意者有如人間世上之所謂臣妾，各司其事，而不得各相為使乎？抑迭相主奴，有如人間世上之所謂君臣者乎？其必有所以使其然而非之真君在也。於此點出人類心靈之有真君，直使談玄說虛者，目瞪而口結。

如求，得其情與？不得，無益損乎其真！

此論真君之特性也。「情」字，相當於現代心理學上之所謂本能，俗本訓實，非也。此段要旨，意謂：所謂真君者，乃離「心」「知」而存在，生「心」而非「心」生者也，真人祇能得知其性命之情，而控制其情，「以心復心」；愚者永不能得其性命之情，而「終身役役而不知其所歸。」惟愚者雖悄不能得其情，而情之存在於人類之心靈，固自若也。

一受其成「形」，不亡以待盡，與物相刃相靡，其行盡如馳，而莫之能止，不亦悲乎？終身役役，而不見其成功，薾然疲役而不知其所歸，可不哀耶？

此論「心」之特性也。「形」字，相當於現代心理學上之所謂特性，蓋「心」者，初亦為「情」之一部分，特因其接近實在之故，為實在所改變耳。但此一部分之情，一經被改變取得心之特性後，即形成其特有之生活及歷程而永不消失。在「心」之本身，有「自我」與「成心」之關係，在全精神人格上，有「心」與「情」之囚殺，對於外界，更與物相刃相靡。凡此關係之產生，實為「心」之特性所使然，初不受「心」「知」之影響或改變者也。故曰：「莫之能止」；故曰：「不見其成功」；故曰：「不知其所歸也。」

人之生也，固若是其芒乎？其「我」獨芒，而人亦有不芒者乎？

此以懷疑之口氣論證「心」「情」也。意謂：人類稟天地父母之造化而生於天地之間，固如是必受心之役之可悲可哀者乎？抑尚有不昧之神靈以主宰人生乎？意蓋暗指人固有不昧之真君在也，特不能得之已耳。

夫隨其成心而師之，誰獨且無師乎？奚必知代而心自取者，有之；愚者，與有焉。未成乎心而有是非，是今日適越而昔至也。是以無有為有，無有為有，雖有神禹，且不能知，吾獨且奈何哉？

此論成心之特性也。「成心」相當於現代心理學上之所謂「越我」，亦猶通俗之所謂「良心。」此「越我」或「良心」之在「心」系統生活中，被作為人生理想之代表，「自我」以之測量其本身，且從而師之焉。故曰：「隨其成心而師之」也。此師之之在心理生活上，經常作用而為是非善惡之感，故曰；「未成乎心而有是非，是今日適越而昔至也。」最後，乃指明：此所謂成心，初非人類心靈稟賦於天之本體，乃為後天形成的心之特性。故曰：「無有為有」。

夫言非吹也，言者有言。其所言，特未定也。果有言邪？其未嘗有言邪？其以為異於鷇音，亦有辯乎？其無辯乎？

夫「言」之言字，指「言語」，「言者」乃指說話之人；有「言」之言字，猶現代心理學上之所謂「意向」。「其所言特未定也」者，意謂人之言語，非必一定代表其心理上要求發抒的全部意向也。本段要旨，蓋謂夫言所以表明人心是非善惡者耳。而是非善惡之在人類心靈生活中，尚非出於本體，異於鷇音，而況言乎！而況「知乎？」於此一束，而開下文之問，而由心理之思辨轉入於哲理。其文有如輕燕掠波，只見浪紋疊起，而不見燕尾之沾水，成為神筆也。

道惡乎隱而有真偽？言惡乎隱而有是非？道惡乎往而不存？言惡乎存而不可？道隱於小成，言隱於榮華，故有儒墨之是非，以是其所非；而非其所是。欲是其所非，而非其所是，則莫若以明。

漆園之言曰：道惡乎不在？道惡乎往而不存？言者有言，言惡乎存而不可。是其意之所指，道固無往而不存在，於事物之內，言固無往而不存乎其意向之內。道因無真偽，言亦無是非矣。然則，在人間世人，道又何以有真偽之別，而言又何以有是非哉？特因道得之有全與不全；言常因詞而害意爾。故欲從不全而返於全，由非而歸於是，則應從基本之分析下工夫也。

本段乃漆園繼人類心靈生活之妙喻，人類心靈生活直接之描寫，而加以思辨之也。

首節泛論人類心靈或精神同人格之有三種特性與三個領域，並指明此三種特性之相互關係為：「非『彼』無『我』，非『我』無所取『是』」；次則，針對大知閑閑一段本能生活之特性，而伸論「彼」之思辨，點明人類心靈生活之有真君存焉，繼以「一受其成形」一轉，而伸論其「心」生活之特性；最後陳述其「知」與「言」在心靈生活上之本質，及表現於道之所以有真偽，表現於言之所以有是非之故，而輕輕寫出「則莫若以明」五字，文脈陡轉，由心理領域，斯進於哲理境界矣。

4、物無非「彼」，物無非「是」。

自郭子玄以降，注解疏釋《南華》者，竟無人能悟識本段之微旨，乃為漆園繼其心理之闡述。進而敷陳其哲理之開始。脈絡已迷，故群以彼此是非之說，而競相疏釋，其詞雖辯，其去《南華》愈遠矣。「彼」「是」之在漆園之心理的與哲理的範疇中，均被用為主要之術語，均有其一定之含義。在哲理上「彼」，蓋指自然之實，相當於現代哲學上「客觀的實在」，「是」相當於人類的意識，相當於現代哲學上「主觀的認識。」本段要旨，蓋謂：凡物都是「客觀的實在。」而同時又都「主觀的認識」耳。

自「彼」則不見，自「知」則知之。

自，猶在也，《儀禮・特性饋食禮》：「賓與長兄弟之薦自東房，其餘在東堂。」《左傳》襄二十三年：「欒氏自外，子在內。」《易・小畜》：「密雲不雨，自我西郊。」《史記・周本紀》：「武王至於周，自夜不寐。」皆其例也，見，猶然也。本段要旨，意謂：彼誠然是「客觀的實在」，可以離開人之「主觀的認識」而獨立存在；然「彼」之存在，初不能在「彼」本身而能顯現，而必需為人之「主觀的認識。」所感之後；彼始能被人認識而為物也。

故曰「彼」出於「是」，「是」亦因「彼」。

所以說：「彼」之所以成為人類意識之上「彼」，乃出於人類主觀的認識而然耳，初非客觀實在之本體也；而人類主觀的認識之所以形成，則又為受客觀實在之影響，而被客觀所改變耳，亦非人類心靈之本然有此靈明之認識也。故彼之顯現尚為彼，實在於是；是之所以成為是，乃因於彼，彼是均非自生，亦非本體矣。

「彼」「是」，方生之說也。

「彼」「是」雖非本體，然即此亦為天地萬物之所以創生之原始。

> 雖然，方生，方死；方死，方生。方可，方不可；方不可，方可。因是因非，因非因是。是以，聖人不由，而照之於天，亦「因是」也。

方，猶正也，《詩・北山篇》：「鮮我方將，旅力方剛。」〈正月篇〉：「燎之方揚。」《左傳》隱四年：「陳衛方睦」；桓六年：「天方授楚。」因，猶用也。使也。《楚辭・九章篇》：「因芙蓉而為媒兮，憚蹇裳而濡足」，均其例也。天，林西仲氏釋為自然之天則是也，猶現代哲學上之所謂自然律也。生、死、可、不可，乃狀喻天地萬物變動不居之詞，屬於客觀範圍者，是非、非是，則為狀人類因天地萬物之變動而生之覺識與觀念，屬於主觀範圍者。本段要旨，意謂天地萬物固變動不居成毀死生遞禪而莫窮者，當其方生之時，而死之因素亦存焉，當其方死之際，而生之根亦萌焉；當其方可，不可隨之，當其不可，而可潛生。故客觀上死生可不可雖異其形而同其性，其反映於所以主觀上之是非非是，雖異其趨，而同其情。人類主觀之意識，固不足以定是非，而客觀萬物之死生可不可又何不足以盡彼之變哉？所以聖人不由死生可不可以固執其物觀，更不以觀念上之是非而言物情，而從自然律上以了悟物之本性與夫意識上之規律，亦借光於意識而不自用其意識之意云爾。

「是」亦「彼」也，「彼」亦「是」也。「彼」亦一是非，此是亦一是非，果且有「彼」「是」乎哉？果且無「彼」「是」乎哉？

要而言之，「是」因「彼」而成，「是」亦「彼」耳；「彼」出於「是」，「彼」亦「是」耳。「彼」「是」均有其正反之邏輯，各成其自有之體系，彼是雖各具正反之邏輯，各成自有之體系，惟在人類意識世界中如是耳。實則；心既非真，物亦虛幻，心之外尚有主宰人類心靈之真君，物之外尚有離開人類意識而存在之實在。心物固非人心與自然之本體也，彼是殆亦「為是」而後存耳。

「彼」「是」莫得其偶，是為道樞，樞始得其環中，以應無窮，是亦一無窮，非亦一無窮也。故曰：莫若以明。

始，猶以也。《書・無逸篇》：「治民祇懼。」《漢石經》治作以。又《大戴禮・子張問入官篇》：「始故佚諸取人，勞於治事。」始亦訓以。本段要旨，蓋謂：彼是既相因而成於人類意識世界之範疇，初非自然實在與人類心靈之本體，故「彼」雖象徵自然之實在，而非實在之本體，非實在之本體，乃出於「是」之認識體系耳。故以彼以與是對，直以意識還喻意識耳。意識還喻意識，其離實在將愈遠矣。

以指喻指之非指，不若以非指喻指之非指也；以馬喻馬之非馬，不若以非馬喻馬之非馬也。天地一指也，萬物一馬也。

此伸論彼是莫得其偶也，意謂以主觀認識之指與馬，以譬喻客觀實在之指與馬，其所喻者之非實在之指與馬，轉不若以非指非馬喻指喻馬之為愈也。指馬如此，天地萬物亦然。今夫人類之所謂天地萬物者，非實在的天地萬物之本體也。乃出於是因於彼而成之意識印象耳。

可乎可，不可乎不可。道行之而成，物謂之而然。惡乎然？然於然；惡乎不然？不然於不然。物固有所然，物固有所可；無物不然，無物不可。

然則，天地萬物固無可知耶？非也，天地萬物可知也，惟所知者祇是客觀實體者，乃變動不居生死成毀可不可互為更迭者也，在客觀上道因而成物，物因人主觀之認識而得名，道皆成物，物皆有名，惟名固非物，物亦非道爾。

故「為是」舉莛與楹，厲與西施，恢恑憰怪，道通為一。

「為是」在本篇凡四見，與「因是」，「得是」，「遊是」，在《南華》中均常作為術語。其含義約當於「建設認識」或「在認識建設上。」本段蓋謂：在認識建設上，有所謂大小美醜之分，千奇萬狀，不可究詰；惟凡此，均為人類認識世界之事，既非物之本形本性，故以道觀之，均歸於一，通於一也。

其分也，成也；其成也，毀也。凡物無成與毀，復通為一。

此再伸論，凡物之本性不特無大小美醜的形象之殊，且亦無成毀之異。當其在某物中分離之時，即又正在形成某物矣；而當其成為某物時，而又正在分解形成另一物矣。故成毀亦為人類意識之事，亦猶因物之有生死可不可而有是非耳。而在物之本性上言，物固時在成毀之中，而無絕對之成或毀也。

> 唯達者知通為一，「為是」不用，而寓諸庸。庸也者，用也；用也者，通也；通也者，得也，適得而幾矣，因是已。

《說文》：幾殆也。莊子書〈徐無鬼〉篇：「非我與吾子之罪，幾天與之也。……君雖為仁義，幾且偽哉！」《列子・仲尼篇》：「吾見子之心矣，方寸之地虛矣，幾聖人也。」《史記・黥布傳》，「人相我當刑而王，幾是乎！」本段要旨意謂：在人類意識上，有大小美醜成毀等等之物象物形，故常執物象物形而窮物之性，昧於物之本然矣。夫惟達於道者，乃知凡此物象物形，均通為一，故建設意識而不自用其意識所生之觀念以稱物，而寄其意識於不用之用之境界，不用之用，斯通道矣，通於道斯得於用矣。得則殆乎，亦借光於意識之意爾。已，猶也也。《列子・說符篇》：「白公不得已，遂死於浴室。」《淮南子・道應篇》作：「白公不得也，故死於浴室。」《荀子・正論篇》：「人之情欲是已。」《呂氏春秋・執一篇》：「是吾所以加於子之上已。」皆已作也之例也。

已而不知其然，謂之道。

蔣錫昌謂：「已，上承上文而有因是兩字，猶言是因是已而不知其然，謂之道」云云是也，此蓋言，借光於意識而不以主觀自用其意識，斯其所識，斯之謂道。

勞神明為一而不知其同也，謂之朝三。何謂朝三？曰：狙公賦芧曰，朝三而暮四，眾狙皆怒。曰：然則，朝四而暮三，眾狙皆悅。名實未虧，而喜怒為用，亦因是也。

神明，指意識之表現於人類「心」「是」上之靈明也。勞神明為一，蓋謂借光於意識而又自用其意識以求心物之合一，斯固陷於以指馬喻指馬之感矣，不可以得物之情盡心之知矣。之一，……[7]而不知主觀上之不一，在客觀上為一囿於片段或個別事物之一，而不知求

7 此句原稿上有缺文。

主觀客觀之一之因，此特如眾狙意識中之朝三耳。其怒固非，其喜亦非也。亦借光於意識而自用其意識也。

是以，聖人和之以是非，而休乎天鈞，是之謂兩行。

天鈞鈞亦作均，天者，借為自然之義，均亦猶倪也，郭子玄云：「天倪者自然之分也。」分猶律也，天鈞者猶現代哲學之所謂自然律也。本篇下段有曰：「何謂和之以天倪？曰：是不是，然不然。是若果是也，則是之，異乎不是也，亦無辯；然若果然也，則然之，異乎不然也，亦無辯。」〈寓言篇〉：「萬物皆種也，以不同形相禪，始卒若環，莫得其倫，是謂天均」，兩者，彼與是也，行者，於彼既無偏廢，亦不為偶，言順乎彼是，而兩用之也。猶現代哲學之所謂兩元也。此段點出漆園哲學之神髓，漆園之哲學原理固相似現代兩元認識論也。

5、古之人，其知有所至矣，惡乎至？有以為未始有物者，至矣，盡矣，不可以加矣；其次以為有物矣，而未始有封也；其次以為有封焉，而未始有是非也。

意識固不足以定物之是非，即封亦不足以定物之性，是非也，封也，特人依其意識而加諸物者耳。今夫天下職職之萬物，豈特無是非，抑亦無名稱焉；豈特無名稱，更無物之形也，物之生也，特從無而適有耳。此與現代物理學吻合，司馬遷謂其學無所不窺，非過譽之詞也。

是非之彰也，道之所以虧也；道之所以虧，愛之所以成。果且有成與虧乎哉？果且無成與虧乎哉？

人以其意識加諸物，因而有是非，是非益明，離物愈遠，離物既遠，道亦虧矣。蓋「因是」而自用其是，必將感情叢生，而好惡出焉。夫好惡豈生於物哉？特因是也，雖然，道一而已，成虧者人之意識而非道也。故曰：果且有成與虧乎哉，果且無成與虧乎哉。

有成與虧，故昭氏之鼓琴也；無成與虧，故昭氏之不鼓琴也。

郭子玄云：「夫聲不可勝舉也，故吹管操弦，雖有繁手遺聲多矣，而執籥鳴弦者；欲以彰聲也。彰聲而聲遺，不彰聲而聲全；故欲成而虧之者，昭文之鼓琴也，不成而無虧者，昭文之不鼓琴也。」

昭文之鼓琴也，師曠之枝策也，惠子之據梧也，三子之知，幾乎？皆其盛者也，故載之末年。

此謂鼓琴者遺聲，枝策者遺音，據梧者遺意，雖有所遺，然已幾於知矣。幾於知是近於心矣，雖未出於天，蓋已入於人矣。故曰：皆其盛者也，載之末年者。意謂流傳至後世也。

唯其好之也，以異於「彼」，其好之也，欲以明之「彼」，非所明而明之，故以堅白之昧終。

惟三子之所好不同乎客觀之實體，是所好之，特欲執主觀之認識以窮自然之本體也，故拘於知，因以意盡乎耳目口鼻之具，以窮聲，以窮音，以窮言，惑以終古矣。

而其子又以文之綸終，終身無成。

《釋文》引崔云：綸，琴瑟弦也。此蓋言昭文也，師曠也，惠子也，其所好雖異於彼，然猶不囿於器也，故幾於知，而其子，則並脫於知而囿於器，故終身無所得矣。

若「是」而可謂成乎？雖「我」亦成也；若「是」而不可謂成乎？「物」與「我」無成也。

此段陳義極精，意謂：如主觀的意識，而可謂得「彼」自然實體之大成乎？是則我也心也，亦可謂已得彼天心之本之大成矣，若主觀的意識，而不可謂已得「彼」之大成，是「物」也，「心」也，均非自然之本體與天心之本體也，未能得彼之情者也。

是故滑疑之耀，聖人之所圖也，為是不用，而寓諸庸，此之謂以明。

滑疑之耀，亦猶冥冥之中獨見曉焉。蓋在物象上曰；滑疑之耀，在心象上言，曰：冥冥之中獨見曉焉也。借光於意識，而不自用其意識，為「是」而不自用，不自用之用是為聖人之所尚之思想方法也，此之謂窮理於彼。

6、今且有言於此，不知其與「是」類乎？不類乎？類與不類，相與為類，則與「彼」無以異矣。

假如今有言於此，不知其與主觀意識相合一乎，否乎，言特未定也，言固有與是類有與是不類者也，類與不類皆言也，則有異於鷇音矣。夫言非自成其言也，特出於是。是亦非能自成其是也，特因於「彼」爾。然則物既以同形相禪，生死可不相絕；故其所言合於是固類乎彼，即不合於是，亦類彼也。與彼無以異矣。

雖然，請嘗言之：有始也者，有未始有始也者，有未始有夫未始有始也者；有有也者，有無也者，有未始有無也者，有未始有夫未始有無也者。俄而有無矣，而未知有無之果孰有孰無也。

此上段因論主觀的意識與自然本體之關係，進而論自然本體之本然情狀也。若以始為有，則未始有始為無；若謂未始有始為無，則未始有始又為有矣。由斯言之，有無果未可以眼耳定其有無也。有無之難言也若此。況乎有無之內亦變幻不盡，有無相乘，安知吾所謂之為無，而所謂無之為有乎？

今我則已有謂矣，而未知吾所謂之其果有謂乎？其果無謂乎？

今我在意識上已有所知與所言矣，庸詎知吾謂有在客觀上之非無，所謂無在客觀上之非有乎？然則，主觀固不足以盡客觀之實，而客觀更非依主觀而有無者也。

天下莫大於秋毫之末，而大山為小；莫壽乎殤子，而彭祖為夭。天地與我並生，萬物與我為一。

此言言之所謂言，不特在主觀客觀異其旨趣，不足以定物之有無，不足以斷言之是非；

即在觀點上說來，大小壽夭物我亦異其分，而失其大小壽夭物我之對。此正如下段所陳。民、鰌、猿、猴之不知正處，民、麋鹿、蝍且、鴟鴉之不知正味，人、魚、鳥、獸之不知正色；故謂天下以秋毫之末為大：以大山為小，以殤子為壽，以彭祖為夭可也，尋而天地之認識原出於心，故謂天地與「我」並生可也：萬物原出於是，故謂萬物與我為一可也。

既已為一矣，且得有言乎？既已謂之一矣，且得無言乎？一與言為二，二與一為三，自此以往，巧曆不能得，而況其凡乎？故自無適有，以至於三，而況有自有適有乎？無適焉，因是已。

一、猶現代所謂感覺。二、猶現代之所謂名學。三、猶現代之所謂哲學。此論心物與意識之相互關係，及其所以相成之理也。夫天地萬物均出於是，是均因於彼，故在認識之本然上說來，天地萬物直與我為一耳。故當其會於心而得於是也。心物直一耳。然若果就其心之所會，是之所得而以言言之，則將如昭文之琴已動，而聲律已虧，言之所言既難盡是之全，抑亦不能得心之正，故其所言，特似一非一而為二矣，人就其心之所感，而發為言論，就其言論，而又從而以言論方法，從而求其原出於心之物焉，是既與一異與言不同而為三矣。

7、夫道未始有封，言未始有常，「為是」而有畛也。

此詳權威主義與意識觀念及道德觀念。道未始有封，郭子玄云：冥然無不在也：言未始有常，注曰；彼此言之，故是非無定主；為是而有畛也，注曰；道無封，故萬物得恣其分域。幹喬案：封言以名名道，猶如詰封，貤封。常，猶常心之常；一成不變之意。畛，界域也。〈秋水篇〉：泛泛乎其若四方之無窮，其無所畛域是也。意謂：道，初無一定之域，言亦無一成不變之是非。直為意識上之方便，始有界限耳。

請言其畛：有左有右，而倫有義。

崔本作有論有議，今從之。

有分有辯，有競有爭，此之謂八德，

夫左右論議分辯競爭，豈固有界域者哉，特因意識上之方便，而名之耳。夫左右論議分辯競爭，豈足以盡言與道之實而為道與言之本哉，乃為得道於心，發心為言，散於人間世上，而人為所借用者耳。此乃人之所得於心物之外者耳，故曰八德。

六合之外，聖人存而不論；

是不能得因，故無所論。

六合之內，聖人論而不議；

六合之內，是已可因，惟道已化事物，容有不識，故有論而不議。

春秋經世，先王之志，聖人議而不辯。

尋其迹而通其存心與行事，因有足以議者矣。然迹固非履也。世與志固有不能傳者在焉。

故分也者，有不分也；辯也者，有不辯也。

故分也，有其不分者存；辯也，有其不辯存。

曰：何也，聖人懷之，眾人辯之，以相示也。故曰辯也者，有不見也。

聖人懷於心而游於是，眾人辯之以口而發為言，夫發而為言，斯虧矣。故曰辯也者，有不見也。

夫大道不稱，大辯不言，大仁不仁，大廉不嗛，大勇不忮；道昭而不道，言辯而不及，仁常而不成，廉清而不信，勇忮而不成，五者园，而幾向方也。

道不可言，言而非道，故曰大道不稱。辯有不見，不言之辯，斯成其大，故曰大辯不言。大仁無親，親固有所用心於其間矣。有所用心者，虧矣，故曰大仁不仁。大廉不嗛，嗛則有所以為廉矣，有所為者亦虧矣，故曰大廉不嗛。大勇不忮，涉乎害人，心固不全，勇亦不能自成其為大矣。故害道者昭，昭而不全其為道矣。亂言者辯，辯則言有所虧欠矣。害仁者常，常存心以仁，仁亦不成矣。傷廉者清，清而無以伸其為廉矣。害勇者忮，忮則心虧而勇不成。五者因焉而不非，殆入於方術矣夫！

故「知」止其所不知，至矣。孰知不言之辯，不道之道；若有能知，此之謂天府。注焉而不滿，酌焉而不竭，而不知其所由來，此之謂葆光。

夫知特因彼而成知耳，知固非彼也，不足以窮之全也。知有所短，物有所不形，故知止其所不知，斯為知之至矣。

8、故昔者，堯問於舜曰：「我欲伐宗，

國名。

膾，

國名。

胥敖，

國名。

南面而不釋然，其故何也？」舜曰：「夫川子者，猶存乎蓬艾之間。

莊子書〈逍遙游〉云：夫子其猶有蓬之心也夫。〈寓言篇〉：重言十七，所以已言也是為耆艾。本段：猶存於蓬艾之間。按艾：為多年生艸，蓬，亦艸名，耆同蓍，亦草名。蓬艾，耆艾，有蓬之心之蓬，均取其雜亂交錯之義，以象徵心理特性之互相纏繞交錯。此段蓋寫出「欲伐」為一種心理，「不釋然」又為一種反乎「欲伐」之心理，相互交鬥而生之結果。故舜告之曰：夫三子者豈必有得伐之罪更不知汝有欲伐之心也。欲伐與不釋之情存乎胸中，故三子亦猶存乎汝內心雜亂纏繞之間耳。

若不釋然何哉？昔者，十日並出，萬物皆照，而況德之進乎日者乎？」

同一其內心情緒，則雖多不雜亦不亂。十日並出，其光同也，故其著於物也，亦同其照耀。此乃心理特性之交互囚殺，表現於人生日用之間之例證。

9、齧缺問乎王倪曰：「子知物之所同『是』乎？」

物之所同是者，猶現代哲學物與意識之關係也。

曰：「吾惡乎知之！」「子知子之所不知耶？」

再問，然則，子知子之所以不知之故否乎？

曰：「吾惡乎知之！」「然則物無知耶？」

然則物蓋不可知者耶？

曰：「吾惡乎知之！雖然，嘗試言之，庸詎知吾所謂知之非不知邪？庸詎知吾所謂不知之非知邪；且吾嘗試問乎汝：民溼寢則腰疾偏死，鰌然乎哉？木處則惴慄恂懼，猨猴然乎哉？三者孰知正處？民食芻豢，麋鹿食薦，蝍蛆甘帶，鴟鴉嗜鼠，四者孰知正味？猿猵狙以為雌，麋與鹿交，鰌與魚游，毛嬙西施，人之所美也，魚見之深入，鳥見之高飛，麋鹿見之決驟，四者孰知天下之正色哉？自我觀之，仁義之端，是非之塗，樊然殽亂，吾惡能知其辯！」

齧缺曰；「子不知利害，則至人固不知利害乎？」王倪曰：「至人神矣，大澤焚而不能熱，河漢沍而不能寒，疾雷破山，風振海，而不能驚。若然者，乘雲氣，騎日月，而遊乎四海之外，死生無變於己，而況利害之端乎？」

10、瞿鵲子問於長梧子曰：「吾聞諸夫子，聖人不從事於務，不就利，不違害，不喜求，不緣道，無謂有謂，有謂無謂，而游乎塵垢之外。

郭子玄注曰：聖人不從事於務，務自來，而理自應耳。非從而事之也。注不就利，不違害，曰：任而直前，無所避就；注不喜求，曰：求之不喜，直取不怒。注不緣道曰：獨至者也。注無謂有謂，有謂無謂曰：凡有稱謂者，皆非吾所謂也，彼各自謂耳，故無彼有謂，而有此無謂也。注而游乎塵垢之外曰：凡非真性，皆塵垢也。務也，利也，害也，求也，道也，既非天心之本然，亦非自然實在之本體，特生於是（官能所得之印象），而生於心之觀念耳。觀念耳，苟又以另一觀念從而事之，就之違之，喜之緣之，則是以觀念而評擇觀念耳，於自然實在之本體固無關，而亦非人類心靈之本體，庸能得其真乎？無謂有謂，有謂無謂，而遊乎塵垢之外者，斯即借光於是而不自用其是，而遊心於物象與意識之外爾。

夫子以為孟浪之言，而我以為妙道之行也，吾子以為奚若！」長梧子曰「『是』黃帝之所聽熒也，而丘也何足以知之？且汝亦大早計，見卵而求時夜，見彈而求鴞炙。予嘗為女妄言之，女亦以妄聽之奚？

旁日月，挾宇宙，為其脗合，置其滑涽，以隸相尊，眾人役役，聖人愚芚，參萬歲而一成純。萬物盡然，而以『是』相蘊。

予惡乎知說生之非惑邪？予惡乎知惡死之非弱喪而不知歸者耶？麗之姬，艾封人之子也，晉國之始得之也，涕泣沾襟；及其至於王所，與王同筐牀，食芻豢，而後悔其泣也。予惡乎知夫死者不悔其始之蘄生乎？夢飲酒者，旦而哭泣，夢哭泣者，旦而田獵。方其夢也，不知其夢也，夢之中，又占其夢焉；覺而後知其夢也，且有大覺而後知此其大夢也。而愚者自以為覺，竊竊然知之，君乎，牧乎，固哉！丘也，與女皆夢也；予謂女夢亦夢也。是其言也，其名為弔詭。萬世之後，而一遇大聖知其解者，是旦暮遇之也。

既使我與若辯矣，若勝我，我若不勝，若果是也，我果非也耶？我勝若，若不吾勝，我果是也，而果非也耶？其或是也其或非也耶？其俱是也，其俱非也耶？我與若不能相知也，則人固受其黮闇，吾誰使正之？使同乎若者正之；既與若同矣，惡能正之？使同乎我者正之；既同乎我矣，惡能正之？使異乎我與若者正之；既異乎我與若矣，惡能正之？使同乎我與若者正之；既同乎我與若矣，惡能正之？然則我與若與人，俱不能相知也，而待『彼』也耶？」

「何謂和之天倪？」曰：「是不是，然不然。是，若果是也，則是之，異乎不是也，亦無辯；然，若果然也，則然之，異乎不然也，亦無辯。化聲之相待，若其不相待，和之以天倪，因之以曼衍，所以窮年也，忘年忘義，振於無竟，故寓諸無竟。」

罔兩問景曰：「曩子行，今子止；曩子坐，今子起，何其無特操與？」景曰：「吾有待而然者耶？吾所待又有待而然者耶？吾待蛇蚹蜩翼耶？惡識其所以然，惡識其所以不然？」

昔者，莊周夢為胡蝶，栩栩然胡蝶也，自喻適志與！不知周也。俄然覺，則蘧蘧然周也。不知周之夢為胡蝶與？胡蝶之夢為周與？周與胡蝶，則必有分矣，此之謂物化。

遺著（二）散文

自訟

（一）

零時正，焚香靜坐。

默思：自從元旦立志做一個完人以來，整整過了九十天了。在已過去了的九十天中，心境依舊是淤漬晦塞，任性守偏。體魄仍舊是隱帶病態。言無序；行無常。對事未能竭智盡忠，達到即物窮理，勝任愉快的境地。對人猶是倨傲，乖戾，不能委婉曲折以體度事理人情，而申之以敬，不能盡取人為善，近乎中正之道，而達到盡性，盡理，盡禮，盡義之極點。用是疚悔叢集，風度鄙俗而日趨下流，如此而欲得遂全心盡性之道，而克副初衷，做一個俯無愧，仰無怍的完人，不可得也。

余生平最大的病痛有三：

一曰賦性偏激乖戾，驕傲拙笨而無容融之氣象，故風度鄙陋，而難得人之重視與同情。此病不除，永難成德成業。改正之道：一曰「容」。容者，色和而莊，詞平而達，行敏而重，容肅而易親，守信而謹敬也。二曰「融」。融者，就人之善以為己善，吸物之華而為己華。具包含至善極惡之雅量，而堅守其實；存友古今賢豪之志，而不予俗人以不快，悠悠游優也。三曰「敬」。敬者，樂觀為體，自制為用。以樂觀之心情，以觀察所遇到之人之物，而一一賦予完善美麗永恆的生命；時時自制心之動，性之流，言之噴，行之浮，而以恭謹貫之。

二曰迂緩疏懶而不敢迫近事之中心，人之內心；故有生以來，不能成一件奇功，不能交好一個知己。此病不除，亦不足以成業成德也。救弊之道有三：一曰「剛毅」。所謂剛毅者。首須戒絕矜氣厲色，忍人之所不能忍，言人之所不敢言，為人之所不能為，而貫之以祕。二曰「勤」。所謂勤者，對人物之深處，了解無遺，而對人物之動靜能及時而應。不妄動，不因故而失時失人，不分散心志，而以敏捷堅耐貫一之。三曰「一」。何謂一？一者於物則為純，於人則為直，於應事則為不顧成敗也。故一之於人，於事，於物，均有其最深之意義，而對於我更有更重大之意義也。

三曰無恆無志。無志故無所止，無恆故不能漸進於有所止。救弊之道有二：一曰：「無我以立身，有所為而生存。」無故然後不滯於情，窒於俗諺，以安逸，而能依道而獨立也；有所為之心然後斯有有所為之志之行，心有所為，行有所為，而後生活始能有豐富之內容也。由無我到有我，由有所為到無所為，有我用也，無我體也；無所為用也，有所為體也。二曰：「豐富現在，不寄心志於明天。」我最大的毛病就是把「今天」放過，去把「明天」當作美麗而有為的現實，故一日一日遞演下去，結果一日，一月，一年的輕輕放過去了。故今後第一要事，首先要把「今天」確實掌握起來。所以掌握之道：

一曰生活規律化，守時，守志，不負事，不負心。

二曰不求美備，不求速效，不嫌醜劣。

力行！力行！力行！

二十六年四月一日一時一刻記完星期日

（二）

本日二時就寢，臥閱胡林翼書札至「吾自得仙槎，吾左右皆正人君子」之句不禁感慨系之，因輾轉不能成寐，雖曰心胸未免太隘，要亦環境有以使然。

胡林翼又云「人才由磨練而成，亦由用人者之分量而出。」旨哉斯言！夫用人者之分量，實決定於用人者之材德氣局。

讀Ludendorff《全民族戰爭論》，心為跳動震蕩。Ludendorff之所言者，什八切中我國之時弊，心實恐惶吾民族目前現狀以包含之隱憂，而竟未能少盡吾心力於補救，為人至此，愧怍無極！仰則愧於天；中則愧乎國家師友與人民；內則疚乎神明。吾書及此，不禁血淚與墨汁俱流也

六月十九日二時九分記完

（三）

哥德說：學問是學不盡的，問題只是在於抓住世事的時機！（大意如此，說見《浮士德》）這是百分之一百的真理。

這種抓住時機的本能於我是最薄弱而遲鈍；就本能內在的特質說，是缺乏現在性；就表現的時候說，是追掠時機，而且常常是極豐富的，熱情的，非理智的，出乎人所預料的言行去追掠時機，故不能得人之心，不能成事。（較之完全不識時機者失敗更其補救更難！）這是我的性格的致命的毛病，如果今後仍是改不過來，此生將永無成就。

此外，我的性格上第二個毛病，是迷戀，滿足，惡性化於時機的剎那之間，而不能真正的，完全而巧妙的抓住時機；理性的，恰到好處的擴充時機的內容，而使之凝結成為一個果實。就結果而言，我祇是遠遠的眺望時機的剎那而已，而且視力很微，容量很小，如果不是時機把我追逐纏繞，我是不會伸手抓住時機的。此吾之所以不能成就一件超人的美滿的事功，而一切均是在最惡劣的情況下開花結果的。形成第一種第二種毛病（性格上的）的總因，是由於性格上的反人情的猜臆狐疑和陋鄙的羞嗇。所以，在最應該喜樂的時候，不能盡性喜樂，應該盡力抓住或動作的時候，不能緊緊的抓住，不能迅雷馳電般的動作。事過了就悔，悔的表現就是追掠。迷戀滿足之外，加上了惡性的因子；結果：就是贏得終身的痛恨，傷身，損精，滅性，無適於此矣。

改過！改過之道至難，因毛病係發生於性格也。惟至難之事，應制以至簡之法，從此時此刻起，要：

一、以理性控制心性；美化「人」「物」。

二、當時，當事，當機之際，要盡心，盡性，盡情，盡禮，盡義，盡其在我。

三、不追掠！不以人們意料之外的心事，言論，情感示人。一切均須依乎理性。

四、不焦急，不放鬆，不卑，不亢，不狂喜，不倏懼。

十月十一日六時十二分記完

（四）

今天為我離家十八週年的滿日。我已苦鬥十八年整矣。回想過去十八年中的生活經過，真是於自艾自悔之餘，更復感慨系之矣。

十八年來思想上最大的毛病，就是理想的成分多於實際，特別是不能把住要點，堅忍力行。每每多在得失成敗的關頭，就把注意力脫開了現實，輕視現實，而把理想作為去取的標準，此所以失敗也。因為理想太多了，故幾度倒退，由理想又倒退到實際上去，理想并非生活。

細察所以形成過去理想多於實際的原因，就是輕視現實的原因，就是因為經不起「現實的煎熬」，把握不住前進的要點，「堅忍力不足」「感情太衝動」的緣故。再思，所以形成上述原因的原因，這卻多了。但，最主要的，就是「對於人生的認識太空闊而無步驟」，這是必須改正的。

夫整個人生的歷程，是有一定要經過的各種不同之「環境與階段」的，而所必須經過的階段，時常是與理想之目的相差池，或竟至相反的。把必經的階段之現實，作為理想之目的，並以理想的尺度去量度，一定無當事理的，過去的毛病，就在於是。

須知蓮花是生於污泥之中的，而其清在於「不染污泥」，苟蓮花惡污泥而去之，則不終日而枯矣。尚何清之有哉？惟其不去污泥，故能成其清；此理不可不懂也。現在，對於國家，對於社會，對於物，對於人都要認識此理。把握要點，嚴依步驟，堅忍以赴之，鍥而不舍，或其有濟乎。

至於十八年來行為上的最大毛病，就是看得到，做不到。病在做不到，和不能把握現實已有的條件去做，並且尚有深沉的遲鈍的劣根性所產生的似高而實空的毛病在。須知：棄之，去之，無視之，當然痛快，並且是最容易的，但並非所以創造人生的正著。

看透（就算是沒看透，而祇是局部的感覺到）之後，就要做。做的時候，要有：自覺的極現實的目標。搭船渡太平洋的人，一定要認明輪船並不是美洲或亞洲呀！這要深深的覺悟啊！

至於在十八年來的整個思想行為上說，我的最大的缺點，就是「沒有恆心，缺乏堅忍力。」

三十一年三月一日午夜零時三十七分記完

用才之道

如墉、祝堯、朝聘三同志來，相談之間，語意侵人，非恕，亦非所以使人敬服之道也。

事後細思，心有所悟：「用才之道，絕忌勝人，欲求勝人，絕不能用人。人以其所志、所持、所知、所信以臨我，我若一一以己之所志、所持、所知、所信以繩正而輕重是非之，是則，盡天下之人，恐難得一與吾相吻合者，而況吾之志、持、知、信，又不足以為規矩繩墨乎？」

「故用材使賢之道，首在全人之志、之持、之知、之信；全之而思所以用之，用之而從而盡之，正之，損之，益之，庶幾在幾微之中，而得以貫以使賢之目的也。」

二十六年十二月二日

戰後問題

H. G. Wells於其所著之《未來世界》中曾說：「思想變化之第一階段，一定是破壞的。」

蔣百里先生於Ludendorff《全民戰爭論》之序文中亦說「當一個民族吃了大虧之後，天然的會發生一種重新估計運動。但是革新運動的人物，大都是當時失敗過程中不曾負過相當責任。群眾本來是感情的，所以這時候只知道清算過去。因為破壞一切的理論，很容易成立，卻不能指導未來；因為改造社會的實際，不是靠理論，而是靠行動；民族第一次反省的過程總是這樣，所以真正的成功，必在第二反省時代。」

Wells和百里先生對於各自所敘述的見解，均是完全正確的。問題是：對付那些破壞的理論及行動應該是怎樣呢？應該採取何種辦法？我想：第一對付破壞的理論及行動的態度百分之百應該是嚴肅的。只有嚴肅的精神，和行動，而後能夠療治不安的人心。第二應該是組織的，戰鬥的。如能在組織及戰鬥的形式中灌輸入決然的生命活力，則一切問題，俱可迎刃而解。游移是一切敗事的根源！是長禍養患的腐敗因素！

二十七年六月十六日

論《韓非子》

〈初見秦〉篇：鋒芒畢露，觸犯太多。雖能動秦王之心，而亦已種殺身之禍！此篇如非後人偽撰，則韓非亦祇聰穎而明法術之士耳，非真正王佐之才，有道之士也。

〈存韓〉篇：似係後人綴記，果如所記，則韓非亦非老謀深慮之士也。蓋存韓之道，在排斥秦王左右之謀而獨行非之計也。故關鍵在轉移王意，今秦王竟將非文發交李斯，韓益危矣。非益危矣。

〈難言〉篇：措詞至為豔麗，然固尚不足以服秦王也。

〈愛臣〉篇、〈主道〉篇：均有道理，惟臣主之間，若不能以道義相孚，相信，相守，而祇用術，則術終有窮盡之日。道義之極可托三尺之孤，可寄百里之命，夫豈人盡叛徒，人盡賊奸哉！韓非以此教君，而不知君已防非如防賊矣！非非有道之士也。

戰國之世，人皆以力相角，以術相尚，故非抱術以求售，術盡身亡，此固然矣，嗟呼！何今世之人之不自覺，而韓非之第二之多也。嗚呼！

成業之道，在德不在力，在義不在術，以德為體，以義為用。德、慧、術、智，其庶幾乎？

二十七年八月二十日

論將才

曾文正論將才曰：「帶兵之人，須智深勇沉之士，文經武緯之才，……大抵有忠義血性，則四者相從以俱至，無忠義血性，則貌似四者，終不可恃。」

胡文忠論將才則曰：「求將之道，在有良心，有血性，有勇氣，有智略。」

深字、沉字與略字所表示之姿態至好，惟有德、有良心、有血性，而又有文經武緯之才之識者，始能如是。有智有勇而無德者，萬不能深，不能沉，大將與戰將只爭此一著耳。

深夜記此，此心若有所悟。

二十七年八月二十五日

論毛澤東

前讀《毛澤東自傳》，深覺其自負之心，至為強烈。今讀〈論持久戰〉更為深信。在毛澤東內心深處所活著的，不是共產主義的信念，而是草澤性的英雄主義。如第三國際一朝欲去其權力，此毛必被大風吹上深山作寇。

〈論持久戰〉構成的成分，經驗多於學理，而從該書中所表現的企圖，則為：「由游擊隊變成正規軍」。因為由游擊隊變成正規軍的過程頗長，故彼極願抗日戰爭之過程拉長。這是今天游擊隊一切言論行動根本的源泉。

二十七年九月一日

性格決定一切

每個人的生命發展，均有他自己獨特的邏輯。每個人的生命均有他特具的價值，而每個人的生活亦有他獨具的經驗的因素存在。世界上決沒有兩個相同的人，兩個人同一個生命發展的邏輯，亦沒有沒有價值的生命。

決定某個人生命發展之邏輯的因素：第一個是性格，第二是環境，第三是人與人的相互關係，而知識不與焉。人之所應學者，亦即修心養性，而修心即所以使性也。

性格決定一切，性格是人的言行的主宰：愈有智識的，愈有理智的人的性格，愈能支配他的言行。性格本身具備一種生命發展的完備的邏輯。知識、經驗、環境、教育，僅能刺激性格，不能充實或改變性格，更不足以支配統制性格。性格決定一切！

從人的性格上去用人者，成。

從知識品格上去用人者，或成或否。

從感情上去用人者，敗。

二十八年一月二十二日

晶亮人格

早飯後散步五十五分鐘。步賞開元山坡積雪頗能悟解自然性中「晶亮」之體象。人格亦有晶亮，惟在脫俗超化耳。

二十八年三月四日

發現自己

打仗是人類生命力活動的表象，雖然艱危，雖然出生入死，但，祂之於人生是有益的，人們祇能在與人或與自己惡戰的時候，才能發現自己的真實。退縮灰心是要不得的，是生命意義的燬滅，是俗人們毀神保形的愚蠢觀念及行為。要真正生命，就要樂觀應戰。

現在準備寫一封長信，把我底內心之流，引導出人們之觀念海中，但這封長信應該寫給誰呢？

本日內心波動情形較昨淡些，如能日益冷淡下去，而至於純靜，豈不妙哉？然純靜之極，豈不又將波動乎？佛羅依德說：「人生的真義，就是動搖於生死之間。」實則人生的真實體象，是動的，如不表現於戰鬥的動，則必表現於神祕玄思的動。表現於戰鬥的動的人生，是熱的，壯的，烈的，內心與體力均將受到極度緊張的煎熬，關鍵就在於能夠經得起煎熬。能夠把戰爭當做藝術，能夠優閑貞靜地去進行「生死鬥」。如果沒有內心與肉體的緊張，那人們必然會陷於得失，毀譽，死生，禍福之中的。佛羅依德所言，殆即指此。要把生死鬥當作覆術做，要做到得失不傷乎元氣，生氣，要從容乎疆場之上。

二十八年五月十六日

午夜

午夜。

月色晶瑩而隱現著聖潔的光輝。庭前古樹分外顯示著宇宙的本性和自然，我一個人孤坐在綠紗窗內，我的心靈中冒起一縷人類本性的神聖之烟，就在這個時候，我回復了心性的本原。我沒有喜，沒有怨，沒有仇，沒有思。最關心的是：我今後要怎樣來過此半生，要怎樣來做完這一個人，做一個完人。

聖潔的光輝繼續的融化了我的俗心，俗念，俗慮，俗願，我已回復了心性的本原。我要本著天性依照自然，悠然，決然，挺身生息於宇宙之間！

我厭棄功業，我鄙賤榮華，我賤肉而愛靈！我厭政而喜兵，我絕對不願冷刀殺人！我要發揮我的性靈，我不能傷害性靈以循俗。

何謂榮？何謂辱？何謂得失？何謂禍福？何謂孤獨？一切一切都是俗！都是肉！都是自

賤自殺！自失自辱！

世界是等候我們去創造的，我人自己的生命有待於我們自己的培養、掌握與使用。我不可把俗當成真，我亦不可把生活當成夢。要生活在俗世、俗人之間，而超然於俗塵之外。政治家就是宇宙本性的表現者。政治家的生活，就是一首雄壯而綺麗的長詩，沒有詩意的政治家的行為是污濁而渺小的。我要努力呵！

我寫到此地，我又把筆停下，我又把燭吹滅，我又倚窗凝望，我希望我能夠整個的得到宇宙與生命的真的形、的靈。

滅燭。

人們惟恐不俗，以俗為能，以俗為活，以俗為全，此事最賤！

二十八年六月三日晨二時二十五分

持躬

守如處女，出如脫兔。不特用兵為然，即持躬處世，待人接物亦應如是。

要整肅而活潑超俗；

要深沉而靈敏專一；

要渾融而專斷；

要無所為而無所不為；

要懸一鵠的以為言論行動之本；一切待應歸結於鵠的，而又無痕跡。

二十八年六月八日晚九時

儒家兵家法家一致處

下午，走馬一刻鐘，并偷閒讀了一篇〈更法〉。在讀時心緒極和平愉悅，思慮深入活潑。在讀嚴叔卿序《商君書》時，悟及儒法之爭，實在是對一件事物的兩段觀察，在道理上實無原則之異同。叔卿深責商君，惟叔卿似祇一個文人，不足以評定商君也。

儒家常言：「道無古今中外」，孔子之道一以貫之。而法家、兵家則謂「兵無常形……能因敵者，謂之神。」「苟可強國不法其故。」

所謂一者何？道也，真理也；所謂因，所謂不法者何？道之用也。真理之應用於人物之謂也。故持道以非用，非知道者也；知用而忘道更非善用者也。孔子、商君、孫武者，均知道者也，所道完全一致，完全同一，其所以異者，乃成見與偏見作怪耳。乃俗儒之過耳，乃見理不全不真之所致耳。然乎？

三十一年元月四日夜十一時

心的修養

用心時，達字最好，堅字最要，危時最宜，詩字最切於體會心的全部滋味。

使性時，要定，要敬，要流進，不可挺進；要毅，要趣，要集聚，要茫茫迷迷；要欣悅愉快而默喜；要把人物顯示出來，要無痕無跡地隱藏自己！

處事時，要從全局算到要動的一個棋子，要把握定重心，要準確估計到將必須採取的程序，切忌抹煞了程序，而超越的去追求成就。把成就緊握在掌中，然後一度一度去使之實現，去從正面，側面，上面，下面，反面來使之實現。

待人時，要摸到人的心性，把握其當時的心情，順著其所抱的志願。然後，低問其所見，細聽其所言，而將之歸納於事物之間，使之負事而旋而轉而致遠。切忌言其所不知，視其所不見，望其所不能，用其所不願。蓋不知之言，徒令人之心性寂然；枯然，而不見之視，徒令人之志氣索然，惘然；不能之望，徒使人之自信淡然，沮然；不願之用，必使心弱力鈍，一遇挫折，即成怨望。如此必誤其事，鮮成鮮終。

卅一年元月七日晨一時

夜，十時二十分。

今天算做了一些事，惟未能做到心神貫注耳。

讀粟寄倉先生著之《戰時經濟建設論》略有心得，對戰時經濟建設之原理，世人似未把握到。惟有一種心理，則已經深刻而普遍化了，這就是：「不建設，仗就打不下去，民就活不下去。」這種心理之形成，就是戰時經濟建設唯一重要的成功因素。要把他抓住！

政治家的襟懷

生活首先要有詩的成份，要愉快欣悅，要晶亮美優。生活的目的不是為著明天要生活，而是生活就是為今天而生活！

創造是為著求內心的滿足及心情之抒展，不是為著被創造的事物。被創造出來的事物，及此事物對於人們的影響，則為結果。從大處說來，使大政治家之所以孜孜於政治活動的動力，不是為「事功」而是出於良心血性所驅使的「真誠」。至於政治家所成的事功，則為人們對於政治家的真誠所感到的一種現象，故群眾的觀感與政治家的存心，常常不相應。最大的政治家，是無所求，亦無所懼的。

三十一年二月十七夜七時四十五分

讀《呂氏春秋》

《呂氏春秋》以重己，貴生，為造成當時國民的人生觀之基本觀念，其旨深得人情，而用意亦至為深遠可取！蓋重己也，貴生也，皆為人情之本然也。順人情之本然，而求得國民身心之健全與充實，憑此健全之國民心理，而發為征戰之行，秦兵之無敵於天下，蓋有深遠之根據矣。

然則，當年的重己貴生之觀念，可為今日教養國民人生觀之準則乎？足以藥治今日滔滔斯下之人心，與健壯今日孱弱衰敗的國民之體格乎？

夫在此抗戰行將五年的人心，大都偏於自私自利，且已失望於遠者、大者、久者，而亟亟於眼前之是圖，行險徼幸，怕死貪生，窮奢極欲，罔顧道德人格。故若以重己，貴生之觀念以藥之，俾引導其放任的盲目的自利自私以重己，引導其行險徼幸及窮奢極欲之險心亂行以貴生，輕物以重己，節欲而貴生，此殆為今世對症之藥也。抑行之亦易而有效。

蓋今世之人，非真能自利也，非真能自私也，非真能逸而不勞也，非真能幸生而免死也，自利其情，而自害其實；自私其心，而自失其身，其家，其國；貪生其行，速死其事；惡勞其願，無法逸也。故若示以真利，真私，真逸，真生之道，斯固足以順其情，而正其行也。

新生活運動，似足以盡此功效矣，而未得民情。因其未能順乎民情，針對民心提出鮮明之辦法，以固其情，得其心也。

固其情有道；在成其真正之自利而已，得其心有道，在遂其真正之私而已。人之利，最大莫如生；人之私，最私莫如身，而愉快光榮之生，更為人所樂有也。健康之身，更為人所樂得也。基於此，而引導於保生保私之行，則人樂從矣。

夫今日足以殘害我國民之生命財產者，莫兇於日本強盜對於我國之侵略，是重己貴生之極，必能堅強國民對抗戰戰建國之心志也，明矣。

吾人過去之志之行，莫不集力於加強國民之戰志矣。顧其所以收效微，而人心反日趨於陷溺者；無他，就是未嘗從事於順民情，得民心之基本工作耳。大家都只是希望或要求人民要如何，而實未嘗實實在在能使民如何也。此基本工作未能切實做到，故民亦莫之從，理也。居今日欲談為政，端在斯矣！

三十一年六月七日

俗吏醜惡

生活就是真、美、善的顯現，在生活之外的自然界有真，有美；但，卻似乎沒有善，善是人們把真和美調和起來的。

文學家得自然之美，科學家則得其真，政治家宗教家則把真美搓合而成善！所以，政治家的生涯，理當是善的，骨髓裏有善質在交流，豈特風度已哉！惟俗吏則否。世間最醜惡的莫如俗吏！

三十一年十月十九日晚九時二十分

讀佛羅依德

傍晚讀佛羅依德著之《精神分析引論新編》一小時。佛氏之言曰：

「被抑的潛意識的和意識的，這兩種心理因素之衝突，支配了我們的一生。」

「本能的衝動，力求滿足於動作之內。」

細味此論，頗具真理。上一說的真實，表現於我國王陽明先生之「致良知」上的努力；後一說則固足以在日常生活中，得到實證也。

惟對於這兩種心理因素衝突之態度，應作何種體察及態度與處置呢？

我看支持「去私慾存天理」的態度，仍是勉強的，因為是勉強的緣故，故祇能作為一種貴族性的學說，得到有限的門徒去奉行，而不能發為教育民眾的教義。

我以為處今之時若要針對今日的民心而作廣泛而有效力的「正義感」和「民眾心理」之建設，那就應該把：

民眾內心被抑的潛意識中的主要因素解放出來，任其意識化！從而，推動其作滿足其意識願望的行為。為治之道，其在斯矣。

可是，今天被抑的民眾潛意識的因素，主要的是那幾種呢？是什麼呢？什麼是可以把牠解放出來，那些是要加強超我的壓抑力把它泯滅與制服呢？為治之政綱便在於此！

共產主義原擬從「食色」上去進行，但，失敗了。因為在人們內心要想得到的主要願望中，美妻和良田固然佔有主要的地位，然而天下有妻的多於無妻的，保守妻的多於要求妻的；有田的多於無田的，守護田的多於要田的。且，妻和田一到手之後，要有的慾望，瞬即變為獨佔的本能。故必然失敗！

破壞不如建設，攘奪不如創造，故把握民眾願望的基準，應在建設創造中求之。

中國國民黨的基本任務，一定要把建設和創造的責任，完全實現。建設是主，破壞是賓，為建設而破壞，建設的數質總要超過於破壞。為創造而揚棄，創造的要多於揚棄的。且進行之道，一定要從大家來達到建設和創造的目的，而遺其私的與小的。例如打倒軍閥和抗戰就是「大處」。

所以，今天為治的基本政綱，當然給予人民以「合法的地位和保障」，給予「富庶」和「安全」，給予「光榮」和「秩序」。這些都完全給予他們，引導他們為保持這些而戰鬥，其氣足吞倭奴也。

然則，又將何以將上述似乎反乎戰時的「給予」，而「引導」人民以艱苦之死生戰乎？又將何術而使之受苦受難乎？

這就是要先強其願望，并使之完全相信願望之必能實現。為治之術，抗戰之道，全在乎此。

蓋飛蛾撲燈，愚也，慈母冒險救子，愛也，愛之然後能履險，犯難，安苦也。秦朝以本生，重己，貴生之學說，而養成勇敢善戰無敵於天下之雄兵，其殆知本也歟！本立用生，知所欲，力出。

置之生地，而後民肯效死；置之死地，而後能出力以求生。將欲生之，必先危之，抗戰以求獨立自由平等是也；將欲用之公戰，必先安之於私願。

今世人們之誤，誤在無術；誤在無本；誤在用鞭子驅使人民，而不能從心理上去啟發人民！

人或謂：「子言良然！惟事急時危乎？」

予應之曰：「事固急，時固危，惟捨本逐末，固不能救急濟危也。且也，固本求用，為時至暫，一年而有功，三年而本固，且可併戰事而行，無悖於戰！世固無欲圖急馳而不部勒駁馬可達目的者也。」

心理之急一定要化為行為之急；行為之急，一定要化為部勒之緊密可靠。政治，經濟，重於軍事之義在此！

三十二年二月十七日夜十一時

人事

由耀縣出發已經二十五天。

在此二十五天中，所作所為，誠堪反省。

（一）凡平時懷抱不平，立心陰險的人，到時便要求他去。

（二）凡能力軟弱的人，至此便生破綻，便出亂子。

（三）凡喜事惹非的人，在此時便失常度，騷擾百姓，越軌妄行。

（四）凡貪財怯懦之人，在此時便弄錢舞弊，甚至挾款潛逃。

（五）凡有血性之人，便有熱烈而勤奮之表現。

人性是有一定之反應的。用人，最要緊的是識透人之賦性的本質。本質如何，反應便如何，幾乎沒有例外平時之浮文做作，至此都本象畢露，我要對此加意努力下一番選取工夫。

三十四年二月七日

書信

寄夫人劉曉滌綾摺手札

每個人底生命發展均有他自己的邏輯；革命者的生活終是滲透了詩意的。

剛剛送別了雛女、嬌妻，便回到了這座危城；在倭寇的飛機轟炸的時分，我彷彿聽到了我底生命的怒鳴。我將以抗戰來書寫我底生命之詩的；我要寫成一首悲壯而綺麗的生命之詩，獻給我可愛的曉滌！

我們的時代是以火燄為標誌的，戰鬥就是同時代人們生活的內容，愈勇敢作戰，生活的內容愈是充實，生活的風格愈是高尚而清亮，死是不足以束縛我底生命之活躍的。

我祖我宗歷代積德晶集在我底一身，我將戰勝一切，而仰報天地父母生我之深恩大德。

夜闌人靜，我安靜地書寫這本冊子給我底愛人，我底心飛到了韓江。

韓江之水既清且麗，我底　父母兄弟妻兒姐妹棲息在這秀麗的韓江之湄，我祝你們康健快樂而和諧，我更祝我們民族永遠雄視太平洋！

濂！我現在踐約把我最得意的兩首詩寫給妳：

十載離鄉此日還，江浮月色霧浮山；
家貧國破艱難甚，心在忠臣孝子間。
孤苦力行豈偶然？丹心夜夜照天邊；
睥睨勒馬思長策，不為功名不為錢。

大中華民國二十六年八月二十日幹喬書於在倭奴重轟炸機威脅下的南京。末了，我把幾句關於居家應遵守的話寫給你們：

居家之道，以孝悌勤儉為本；

孝則生機活潑自然，悌則性情暢遂和諧，勤則事治身強心有餘暇，儉則用足神舒德有餘光。

願我妻女兄弟循此持家，不勝企盼之至！

同日書

與周天僇書

（一）

天僇、忍安兄：弟返耀已數日，此間情形如恆，惟百端待理，殊覺苦辛耳。茲將弟意分條列陳如下，乞為賜辦，無任銘感。

一、煤炭登報售賣事，天僇兄意見至為妥善，且屬必要，惟弟返耀後，得悉耀縣本站已將煤炭合作社運煤特權取消，是此事又生變卦，為此擬：

1、先用煤炭合作社名義具函王處長中琳繼續維持原議，月准運輸千噸，請　忍安兄親走一趟。

2、廣告不再登，因西安存煤既少而運輸又斷，恐登了廣告，沒有煤應市，反招人譏笑也。兩兄之意如何？乞就近商飭胡權兄照辦為荷！

3、刻仍繼續購煤，需款至急，故西安存煤，仍要出售，惟如何出售，乞飭胡權、李致華照辦，俾得現款以維耀站。

4、請兩兄就近對胡、李兩同志多予指示，多予監督，并對社會作解釋宣傳為禱。

二、此間工廠正在整頓中，孔慶琮、張翼飛兩人中務乞准一人來，此事萬分重要，務乞天僇兄成全成全，并乞速來，因技術上的事很多，非弟所能解決者也，茲附來信一件，乞　天僇兄面交，如無暇，可由天僇兄加幾個字要周征兄即日送去。

三、織布廠事，乞　天僇兄主辦如下三事：

1、無論如何乞汪局長准日織二十疋，嗣後并乞勿織洋紗經緯之布，因此布需用最好之工人也。要找織洋經土緯者為佳。

2、乞汪局長務准購運洋紗二十包，否則毛巾廠固要關門，而織布廠也要虧到底了。現經胡權兄詢好洋紗，即先購二十支十包十六支五包，於年內送到。此事萬乞　飭令胡權、李致華速辦。

3、買紗事請　兩兄主持之。

四、現存農行款十五萬餘元，除買紗用約十萬元外，餘款約五萬餘元請即交明甫兄帶耀，如明甫兄已動程，則請即日由省行匯耀，以濟眉急，此事已由張科長帶來支票三紙，乞　兩兄撥冗親辦。

現麥價飛漲不已，現已衝破五十元三十斤之關。至舊歷年關一定升到七八十元。現正購買中，否則三四百工人，即將斷炊矣，款要速匯，差一日即虧千數百元。

五、現區指揮部一文無有，乞在總部借發明年一月份經費三萬元，此事萬乞做到，并分別由張科長及胡權兄帶耀，否則，區指揮部也要關門矣。

六、煤炭合作社有無送陸局長陳副局長王處長年禮之處，乞　兩兄裁奪，弟意於年內由胡權兄具宴請王處長陳副局長暨鐵路有關人員，一面加以聯絡解釋，一面則央請繼續月准運一千噸煤。

七、工作幹部敘級事已具文送來，乞於年內批下。

八、西安情形如何？重慶有覆電否？如有重要消息，乞用電話告我。

九、工作已經進入新關頭，我自然準備拚，亦乞　兩兄助我一臂之力。

弟幹喬手上三十年十二月二十七日

（二）

天僇兄：弟準明晨返耀。「風塵莽莽搖鞭去，能得天公護祐無！」夏季服裝布四百疋及月准照軍價買紗事，關係弟部至大，乞費清神！附致薌銘大同兄信二，乞飭役代送。

弟幹喬十月十日深夜

（三）

天僇我兄勳右：

初芳兄返耀，得讀

委座批復：

胡先生刪電之亥歌侍祕電示，心滋快慰！深幸此三年來竭蹶從事之工作得以繼續也，惟總動員會議之意旨究竟如何？今後工作又將以何名義，何形式繼續下去？瞑目一想，仍是萬緒千頭！茲不揣譾陋，略述鄙見如後，尚乞　察及！

一、刪電之要點厥為：

甲、遵令運用動員會議。

乙、下層以保甲為推行機構，不列鄉保長。

丙、在縣動員會議之上設立督導機構。

二、委座亥歌侍電，對甲乙兩點，已照准，而對丙項原則上亦已同意，所應商酌者祇為指導機構之名稱問題而已。

三、惟名稱問題實在是大問題！例如：若以政治特派員室為指導機構，則將發生如下諸問題：

1、政治特派員室雖奉委座特令，賦與指導宜、洛、中、君、同、耀、淳、栒八縣之縣動員會議，惟於法無根據，做起來問題滋多！

2、且政治部有政治部之法令及系統，涉及縣動員會議事項，在政治部之權限亦祇限於協助而已，蓋動員法為國法，而部之法令，祇是一部之法令，輕重互殊也。

3、將來幹部至少在一千以上，糧食由政治部配撥，恐不可能准如許之多，若由政治部令各縣配發（如現在指揮部一樣），則於權限上實不可能。

4、在工作上講：以政治特派員指揮三千民兵（明年冬且將有八千），亦似不倫不類。

5、再就政治部組織系統上說，若一個特派員室之下，有上校四五十員，（現有十五員，將來要四五十員）中校以下千餘員恐在政治部本身，亦覺奇怪！

6、政治部這一塊老招牌實在不宜於做新事業，恐怕一套上政治部的頭銜，工作人員就「政工人員」化了！這點十分重大，且將來之幹部百分之六十均係軍校同學也。

若在工作態度上說，問題更嚴重，如現在弟部工作人員，一律都於上午四時半起床，晚上八時就寢，或胼手胝足以披荊斬棘致力於墾荒，或督練民兵於操場，或單槍匹馬孤守於鄉保之間任副鄉保長，此種情形不光政治人員絕對做不到，且恐政治部亦不容我人如是督促其如此做也，問題屬大。

根據上述之考慮，對動員會議、督導問題，擬作如下三點之陳述：

一、仍懇

委座准予設立督導局（如設局不成，即先設一個督導委員，亦較用政治特派員為上。）

二、懇請再將指揮部保留一年。

三、請

委座准將耀、淳、栒劃入第三行政督察專員區（將專署移耀縣）並保幹喬為專員惟此乃下策矣。兄意云何？尚乞覓機為胡先生陳之，并乞賜復。

制弟幹喬手上十二月十九日（三十一年）

（四）

天僇兄勛右：

曉濂到，得聆尊論，至慰。

〈正氣歌〉有言「時窮節乃見」。吾輩身當窮時，正是樹「清風亮節」之時，故達則立功，窮則樹節，內則立德，外則立言，功節德言，其道雖殊，而於滿足吾心則一，不知足下以為何如？再：弟意絕不主張消極者，亦有此四條道路可循故也。

土紗已囑速買，得款多少即還兄多少。附報一包，即頌

公綏

弟幹喬上四月二日

（五）

天僇兄如握：

手書到，備聆種切，吾兄殷殷斬祈因軍事失敗而使當局覺悟，弟有同感。惟從此度十二中全會仍保留之政治作風看來，因軍事失敗所可能促起的覺悟恐亦有限！

但，毋論如何，像我國這樣古老龐大的國家，其興也或亡，決非是有命運的，決不致如盧森堡一樣朝存夕亡，無聲無嗅！惟此命運將是長期艱苦奮戰而進步與求進步，又是決定國家大命運中的小命運，否則沓洩成風，同將無救！美國人恐不能為力也。

至於陝西之局面，較諸大局亦能相稱，且有比較穩固進步之象，自亦無特別悲觀之理由，獨惜以大有為之地、之時，而人事未能配合勻稱耳。弟刻正戮力於警備班之輪流訓練，布子請　兄籌款買到，一時勿賣，因李世軍返渝後，彼尚為弟之工廠弄些紗子也。

豫戰見聞，祈不吝時惠一二。耑頌

公綏

弟幹喬手上六月八日（三十二年）

（六）

天僇兄勛右：

一、尊況如何？無時不在念中。弟總以為吾人丁茲斯世，與其消極，毋寧積極，況你我均年逾不惑，今日來依　胡先生，亦當不問順逆跟一個到底也。

尊意云何？

二、煤十噸即購來，大約三百日內可到西安。

三、欠　兄之款即籌還，大約四月底前可全數奉璧，以免拖累太久，使　兄為難也。

四、祝主席過耀觀感，仍乞撥冗為弟一探之。

五、附來解放報四份

弟幹喬四月十六日（三十三年）

（七）

天僇兄勛右：

手書奉悉，承購物品亦收齊，謝謝。茲分別奉復如下：

一、由本部具函省保安司令部咨副長官部之報告，如已發出，此間可不再發。

二、請改撥步槍八七五枝事，經再電請　胡先生催請。

三、軍需人員及管理軍服人員，敬乞　費心再催維恆兄儘速照弟信要求額數派來，并請迅派，即人員不一定可靠，確亦可加以管理而求用其能也。

四、軍衣（棉大衣）款，經提出第二屆本區行政會議通過，共籌三百萬，并已呈省府備案，大致無問題，一俟省府批下，即交武棨兄，乞轉知之。

五、維恆兄事如何？去就之意如何？

六、緯國結婚事，請　兄代弟辦禮品。經國兄是否來？以弟目前處境言，深恐不易脫身，但願卒能一晤之也。

弟部今日之與奸區接觸者，殆非軍事，而為「奸黨歷年所施而奏奇效之瓦解我軍政機構及人員之走私販毒政策。」弟將極周密之盤查，巡查隊（共三十八個單位）佈置，僅祇三日，緝獲棉花鴉片三十餘起，今後將日益加強，預料三個月內將可達肅清之目的。現在仍力求刁斗森嚴，此不特為防奸軍之猝襲，抑亦所以作為我帶兵之法則，欲以此養成部屬之習慣也。

刻同官總營已集淳化城，於今日開始訓練，宜君總營在耀開始訓練。兵力已較十日覺厚多矣，祝安祉！

弟幹喬手上二月一日（三十四年）

（八）

天僇兄：弟接守碉堡及今，已恰好兩個月，淳化鴉片因來源緝得緊，已漲價一倍，惟奸匪非易與者，預料今後將在軍事政治組織經濟等方面展開頗為壯觀的鬥爭。囊形地帶從此才建立起像樣子的國防。以前是通的，餘不復贅，今晚再與兄通電話了。

附來名片數張，乞為我候候老朋友，不及補書矣。頌

旅途平安

弟幹喬手上三月十四日

復劉君培初函

培初兄處長如握：

感筑電示於今日奉到，蒙關注至感。

一、弟部警備班於今年元月九、十、十一、三日內編成保安二、三、四團。十二、十三兩日加以裝備後，即於十四日由耀縣開赴淳化接防。（元月十八－二月十八）

二、弟接防後，於一個月內將販烟走私肅清。此事奸黨及後方土劣烟客大事恐驚與嫉恨，因淳化縣乃奸黨及土劣賣烟走私之吞吐地，旺月時，每月有價值一萬萬元之交易也。

三、奸黨於烟土銷路已斷，乃出兵運手段以對我，又被我於九天內打敗！

四、兵運，乃奸黨拿手好戲，惟其好，故亦敗得澈底且早，為時只九天耳。

五、奸黨拿手好戲已敗，乃進入於軍事敵對之狀態。計由奸區各地調到弟防線當面者約三個團，盤桓半個月後，知無懈可擊，乃偷偷引去。

六、奸黨於節節失敗之後乃進行造謠誣謗之技倆，與我方土劣一唱一和，其結果所以有彈劾案之成立也。其目的端在罷我於法而迫我去。（自去年小愈後）

七、惟弟因病未完全復原，住在淳化三個月（元月十四到四月十四）苦鬥後，已形不支，乃於四月十四日請准長假，來西安就醫。及今已醫治一百多天，病狀始有一線生機。預計要完全養好，當再要一年半年也。

八、幹喬不去，淳化斷不致失守。即彈劾案不成立，奸黨尚不敢輕於一試也。由此，見昏昧者之誤事也。

九、計：

1、元月十四日弟奉師赴淳化接防。

2、四月十四日弟離開淳化就醫。

3、七月十四日重慶發表彈劾成立消息，十五日奸軍侵入淳化縣境，十六日盤據縣城，二十日經國軍收復淳化全境。

嗚乎！事之巧合歟？何桴鼓相應之靈妙也！

十、湯先生一再勝利於柳、桂，足洩豫中之氣，惟不知今後將南問廣州抑北窺武、漢耳。扶病作此，不莊不備；耑頌　勛祺。並候湯先生。

弟 幹喬 書

七月二十一

與嚴靈峯書

（一）

明傑[8]我兄如握：二月二十七日

手書拜悉。承

示各情，初非意外；實在意中。所望一本「堅若卓絕」之訓示，夙夜匪懈，以圖事功；己不負人，人亦非盡喪良心之動物也。惟

兄云：「一切均置之不聞」，此語如屬信筆寫來，自無大礙；如真決心如此幹去，危險屬

8 「明傑」係靈峯本名。

多！蓋人心之趨向，決定社會之現實情形；（此為弟發明之理論，未定稿。）
而
兄意欲不聞，而在人海、人寰中做事，此豈不大謬耶？至謂：「人心頹喪」，若無敵機降
臨，初不知中國已入苦戰階段；此固不特福州為然，即南、北、西、東何莫不如是？唯其如
此，所以貴有吾人之努力；而社會國家之所以急需吾人也。吾
兄以為何如？半年來
兄入八閩，而弟則奔馳北地，音訊罕通；非素願也。
今後生活較定，深願時聽
教益，望勿遐棄；時通音問為幸！

陳蘊山到漢，時有晤談；惟細察此人，似非有志做人成業之輩；現已不知何往矣？知
注并聞。頌康兄時晤談否？此人才智尚佳，惟性格中隱含冷落與孤傲之成份，盼吾
兄就近就症左右而藥療之；必可成材也。吾輩任事，則望報國；對友時，則希為國育才。言
告吾
兄，敬祈共勉。而弟於本月一日到政治部任第二廳三處處長，才短性乖，恐不足以有為也。
言告吾

兄，不勝愧悚！吾兄達者，其何以教我耶？翹企望之也。專此即頌公安，至希時惠嘉言！

弟幹喬手上三月卅一日
武昌小朝街湖濱村一號

（二）

靈峯我兄如握：獲誦手書，得益匪鮮，讀竟南望，不勝神馳也。

福州情形，既已成之有因，自可設法改變；惟造成過程，已非一朝一夕；改變想亦非一蹴可就耳。

念及家國前途，不禁悚然起立，油然興悲也！據弟觀察，陳蘊山誠非有為之士，既已他適，亦只好聽之。前函為兄言及陳君，蓋恐弟對陳君觀察或有錯誤，故書之以聽尊見耳。

季虞現在漢皋，頗積極有為；天僇則已久未晤及矣；現在何處任職？亦不明。弟處工作尚在計劃中，一俟開展，當可拔用良才；承推賢達，至感！容再函請候駕。閩、粵毗連，痛癢相關，至切；尚望努力為之，并請時示尊況，為荷。匆匆未盡所悃，容當詳抒鄙見以告。此候

公安！

弟幹喬手書

四、二十四。

（三）

明傑我兄同志如握：

四月四日及五月九日手書，均及時奉悉。祇因疎懶成性，未遑及時奉復；心以為疚耳！貴友林隸夫先生，經已晤及，并已介紹趨晤唐乃建兄；想不致有負雅囑也。此間諸友，

大都如恆，弟亦祇株守案牘之間，毫無建樹；言之深愧，抑亦心痛也！廈門已陷，福州想亦
已入於戰爭狀態中，時勢英雄，不識吾
兄胸有成竹否？盼有以詳示，不勝企禱之至！連謀同志激於保國衛鄉之忱，已請准戴先生准
其返閩從事救亡工作；茲特函介前來，敬乞予以
指導與協助；無任切盼！連同志為肝膽血性之徒，中心烈烈，願為家國而有所作為。弟知之
而尤贊許之，然固以未能相將犯難為憾也！茲特書介於
兄，固深望吾
兄能切實為連同志之助，而彌補弟心中與弟對連同志工作為缺憾也。寇深矣！時危矣！為國
家，為民族，均尚在電光石火中拚命犯難，而拯艱危於萬一也。竊願共勉之！匆匆未盡所
懷，餘請連同志面陳。專候公安不一！

弟幹喬

五、卅一、武昌。

（四）

明傑我兄。握手：久未得訊，馳念為勞；尊況如何？閩勢如何？均在念中，得暇盼示為禱！弟調本職後，倏將四月，汲深綆短，心力交悴之象畢露；而猶無補時艱也。兄將何以教我乎？

兄能北來乎？臨穎神馳，不盡欲言。手此即頌

公綏！不宣。

弟幹喬手上

十、十九。

（通訊處：西安崇廉路第十戰區司令長官司令部政治部）

（五）

養元[9]吾兄學長如握：

獲手翰，并〈弔美貞〉長詩，迴環咏誦，仿如親炙豐儀；身如親歷兄之心境。竊思吾輩遭遇既奇，人世之崎嶇變幻復大；悟不破生死關頭，自不免有身世滄桑之感矣！

惟望「天生我人必有用」，坎坷僅暫時耳。兄況如何？尤望能刻志於學術，儲才備用也。弟刻生活如常，惟工作之推進及環境之實況諸多願與心違之處；掬告吾兄，不覺暗然！所盼不遺在遠，時惠

9　「養元」為靈峯化名。

嘉言，以慰遠懷，以相勗勉；是所切禱！除遵囑將相片、路線等寄上外，并此奉候。即祝：

為國珍重！

弟中和[10]手上

十二月四日

(六)

明傑學長我兄如晤：

二月十八日手書頒到，敬悉吾兄正在「為補過而讀書」，心雖景佩，然竊疑惑！弟以為吾人今日之本分，從大體言之，似為「盡忠」，而非「補過」；故吾兄今日折節讀書，應為對「盡忠」之一種準備，故所學雖應力求廣博，然亦不可不以「經

---

10 「中和」係幹喬化名。

世」為歸趨也。然乎？望教我！
傑作成後，請寄我一讀，以開茅塞；弟當為
兄出版也。弟況如常，時盼
兄來陝！

幹喬弟手上

三月二十五日

（七）

靈峯我兄如握：

七月十四日手翰及大著均奉到，拜誦之餘，深佩吾
兄進德之猛，而所懷之大，而所見之卓絕也。李美貞女士事，已托人查看；俟復到後，
再行處理，并奉告。弟等尚好，惟乏善可陳耳！翻印大做事當照辦，惟此間無好紙，恐印刷
難令人滿意耳。望常示教，即頌

公綏！

制弟幹喬手上

八月二十一日

（八）

靈峯我兄：

手書到，教悉稿紙已蒙購寄，至感！此際諒已返處任事矣。不識
尊況如何？暇乞時惠
嘉言，為禱！行深兄近況如何？弟刻埋頭若幹所謂動員工作，頗生興趣，知
注并聞。即候
時綏！不一。
今堂大人等近況如何？亂世生涯，真是無法可想！

制弟幹喬手上

六月二十七日

（九）

養元我兄勛右；九月十二日手示拜悉。吾

兄至性至情，既憂危邦，復思

高堂；紙上心聲，不忍卒聽！弟意當茲大禍臨頭之際，吾儕固應不顧一切，以赴國難。人孰無憂，亦允宜先天下之憂而憂也；承寄稿紙已拜收，至謝！弟況尚好，現正戮力於動員工作之推進，據所得結果言，似有相當之收獲；惟不知能有涓涘報國家否耳。

兄有可能到西北否？不禁擲筆而望也！專復，即頌

公綏！

制弟幹喬手上

十月二十二

（十）

靈峯兄勛右：

五月二十八日由天僇兄帶到手書，誦悉。辱蒙錫教，至以為感也！惟弟因在病中，未遑及時作復。茲天僇兄又將飛渝，特此附書以候起居，并謝關垂之雅意。至弟病況，猶是如故也；亦惟有耐心靜養耳。其詳情托天僇兄面言，恕未復一一矣。耑此，

并頌

旅祺！

弟幹喬手上

九月四日西安

（十一）

靈峯我兄如握：

漢清兄到陝，得誦

手翰，并蒙

厚，貺心滋銘謝！惟以病後腕弱，未遑即為奉復，有勞

遠念，心更抱疚也。

尊況如何？至深馳念！一則，以

兄才長，久屈下位，胸懷定不免於淤鬱；二則，因工作關係，即欲脫身高飛，亦不易易；致

勞心神也。惟凡此均屬揣想，不知

尊況究竟如何也？得暇乞為詳示！弟病後頗傷元氣，亦祇有耐心以圖保養耳。久稽奉復，謹

此先達釋念！餘後詳。即頌

時祉！

弟幹喬手上

四、九。

（十二）

靈峯學長勛席：

景中兄到，得誦

手書，并悉

尊況；心為欣喜。大作《老子章句新編》均未收到，乞即由郵掛號寄白報紙本兩冊，到耀縣。弟未深究《老子》，惟三數年來專讀《莊子》，頗有新見地；大有一掃郭子玄以來一切《註》、《疏》解釋者謬說之概。最近擬先將《莊子》中之〈齊物論〉加以新釋出版，故亦擬自附於吾

兄之後，而為「老、莊」之徒也。不知果能做到否耳？大作急擬拜讀，說起來，好像弟似一位「道學家」也者，實則現正做一個民兵訓練者，一個專員，一個縣長；入俗染俗。俗到可以之一個人也。吾

兄能覓機北來否？內心深以此為期！耑頌

公安！

弟幹喬手復

八月十八日

（十三）

靈峯兄學長：

八月十三日手翰到，獲悉

尊狀，心殊為慰！全國總動員之能夠動到如何程度，殆為一個國家組織力之表徵；非可單獨望其能有理想之成功者也。今日中國國家之組織情形，天然的就有今天的國家總動員之現象；理也，亦勢也！雖然，吾人之職責，端從「知其不可為」中而努力於「為」；故吾輩之命運亦必苦無疑矣。惟命雖苦，心則舒；盡悴此身，以安此心；或亦非癡也夫！得暇盼時惠教益。手復，即頌大安！

弟幹喬

九、十二。

（十四）

明傑兄學長勛鑒

手書到，大作兩冊亦奉到。焚香拜讀，深佩卓見！尤覺用心之勤且細也。弟讀《南華》，至感興趣；試著〈齊物論〉一篇，亦將脫稿，大約今年底可付印。《老子》弟未研究，故讀大作後，亦徒然覺得好而已。怎樣好法？則不能言也。至於《莊子》，則一字、一句、一點、一鈎，弟亦留意，且曾研究之。現搜集《註》、《疏》、《解》、《釋》，板本三十餘種，潛心研究之後，深覺無一人能依稀得漆園本旨也。惟章太炎依據佛典以釋〈齊物論〉，略有所窺；雖亦如「貓抓熱粥」，嘗嘗輒止耳；望道未見也。抑漆園之學，乃以心理學為基礎之人生哲學也。此除章太炎略窺一二外，自郭子玄以降，竟有一人能悟知者，亦可怪矣。

其外，歷年釋《莊子》者之缺陷，端在不知《莊子》所用之術語，例如：「非『彼』無『我』，『我』無所取『是』；亦近矣」，歷來註釋者，均讀為「非彼無我，非我無所取；是亦近矣。」竟無一人知「彼」、「我」、「是」為何意義。「彼」者，蓋指人類本性，相當於現代心理學之所謂「潛意識」；「我」者，為後天形成之心系統，相當於「自我」；「是」者，相當於思想系統。（知覺意識。）而歷年來把彼當作他，把我當作個體的自己，把是作虛字連下讀。如此安往而不失莊旨哉？拉雜一言，無當心意也。

兄況如何？盼時惠教！至〈齊物論〉最後一稿成後，當抄寄請教也。耑候

公綏！

弟幹喬十、卅。

遺詩

詩三首

（一）過西山有感（西山屬汾陽縣在羅雲山南）

車行山腹外，路遠欲連天；
河抱三家地，峯懸萬頃田。
車迴迷晚霞，路轉見村烟；
無限綿延意，西風夕照前。

（二十六年十一月三日）

（二）謁雷首

路過風陵渡，呼僮急舉炊；
黃河鯉一碟，白釀酒三壺，
捫腹謁雷首，扶頭吊伯夷；
救亡原有道，餓死亦何為。

（三）

十載離鄉此日還，江浮月色霧浮山；
家貧國破艱難甚，心在忠臣孝子間。

（二十六年十一月三日）

孤苦力行豈偶然？丹心夜夜照天邊！
睥睨勒馬思長策，不為功名不為錢。

幹喬在重轟炸機威脅下的南京
（二十六年八月二十）

附錄

一個悲劇的產生

——獻給幹喬的朋友及一般具有青年熱誠的友人——

梁劉曉濂

到了淚咽無聲的絕境，我便油然而生打破沉默的意念。在一個彤雲密佈的傍晚，陰森的翠華山麓，堆葬了他，埋葬了我的心，我的心永遠永遠的縈繫在翠華山！真是「春蠶到死絲方盡，臘炬成灰淚始乾」！

遠看像一群純白的羔羊，在積雪中蠕動！啊！一群可憐的孩子，在以他們的孝衣兜起新土往墳墓上堆積，那小的才呀呀學語，最大的亦不能了解什麼是人世的悲哀，但見媽媽哭倒在泥土中時，亦不禁同聲哀號！其聲慘慘兮，風淒厲；崇高的白楊，被積雪摧折了枯枝，亦發出蕭蕭的哀鳴，誰謂草木無情？它亦不忍睹此人間慘景！

雪霽後的翠華，益顯崇高秀麗，山頂閃灼出耀眼的銀光，名山笑了，因有一偉大的靈魂投入它的懷抱，從此名山得有忠骨為伴，足為千秋佳話；可是這人間恨海，萬世難填啊！萬世難填！喬！你！你就這樣的死去了嗎？就這樣不言不語的死去嗎？你的老母呢？你的孤兒呢？你的事業呢？你的榮譽呢？你的榮譽那裏去了！

一個人的死亡，本是自然的定律，而你的死則含有極不平常的因素在裏邊！正因你是一個極不平凡的人物，你的遭遇故格外坎坷，你在這坎坷的人生之途程中，從未屈服過，到死猶是堅彊的，故將有血有肉雄壯的身軀，折磨得粉碎！有了你，我們人類才可以自傲，因你具有絕頂明敏的天資，又有淵深廣博的學問，既有壯烈的抱負；更難得你你特有至高無上聖潔的靈魂，……還有那吃苦耐勞的精神，——不計本身利益，甘為救國救民的任務而盡瘁！

回憶你去年元旦，當國運最艱危之際，你接受了最艱難的任務，這任務假使握在他人手裏，既可升官又可發財，可是你則把那升官發財的場合，真的築起一道固若金湯的國防陣線來，因此就把「烟犯私梟」的發財迷夢驚醒，把奸人的政治陰謀打碎！於是乎在你這種不苟不阿鐵面無私的作風之下，果然中了奸人挑撥離間的毒計，你在前後夾擊，造謠中傷中，氣得舊病復發了。故決意摒除一切，引退休養，尚欲保全生命，為國家民族服務，但是那些人還不能覺悟，再來一個「彈劾」！至於彈劾的內容，不但毫無根據，並且是歪曲事實，將功作罪！所幸多數同志是明白的。「彈劾」因之沒有效果，沒有提出追究。可是你的寃屈，因之亦無緣申述，你本欲待病癒後再作詳盡的申復，不料你現在竟飲恨而逝！至關朋友關注的事，我祇能作一梗概的敘述。不過我可以再為告訴關心幹喬的朋友，幹喬是無負於國黨的，稱得上「無名英雄」！英雄多有令人感泣的事跡，我今將幹喬三十四年元月至四月間的日記摘錄數篇於後，好使一般具有青年熱誠的朋友們，知道一個巨人是怎樣被摧毀的！若說寫這種日記的人，也有「貪污瀆職」的形跡，豈不是褻瀆了他？

元月二十日夜九時十分記

晨五時起床，巡視楊恆安連，梁健武連，試輕重機槍均能連發，上午開始讀胡林翼氏輯之《讀史兵略》，此時所思所作，需與古人成敗之跡聯繫起來，這與我的心及工作均有益的，今我所見諒於民者，無厚德也，只是「不要錢與苦幹」耳，不要錢不過不害國耳，尚未有以利民也，民弗從戰，雖惡之欲死，亦不能不「畏危而吾勝也」，民在遲疑觀望中，此種情形，要於一個月內改進之。

今警備班兵之所以隨我者，特因四五年來相從之一點感情耳，其氣與志，非能適合吾心之所蘄求也，要親附之！

一、組織士兵伙食委員會，領糧；用糧。

二、組織士兵歸假委員會，決定否歸假。

三、針對士兵狐疑，予以恰合的解釋。

四、使士兵與民眾連成一氣，以班兵之戰志影響民眾。

五、對班兵的家屬，作有效的宣傳。

六、使仕紳青年親附。

凡此均為急迫待行之事，應有以改進之！

下心折節，向樹德，附民，親兵之路邁進，假以時日，其倖能免慘敗乎？

元月二十九日

肅清「烟犯私梟」應在極高度的對民眾宣傳教育中進行，始能收到「為民除害」之實效；否則，烟犯私梟既已眾多，肅清之作將令民生怕，而中土匪離間之計也。

整肅軍風紀，更要與教育密切聯繫進行，庶幾於肅殺威氣中含有恩信之成份也。蓋兵不怕將，戰志不能立；兵不怕將，則親附之心亦難長成也。威恩並濟，斯為善策耳，威止於殺，則有殺不勝之時，恩止於賞，亦有賞不能效之日，故立威應進於教，樹恩當在得其心，殺與賞，特一種方法也。（下略）

二月一日

二月一日寫完了致天僇、正鼎、樹恩諸兄信，連同呈文兩件：一為縫製棉大衣事；一為優待保安二三四團士兵事。及呈省保安司令部文件，派人送出。

今天一天辦完不少文牘，心為鬆了一些。

二月四日

（上略）在今年內務要將《莊子》〈齊物論〉註好，付印出版。

把防線鞏固越來；把販烟走私肅清；把五千二百兵練得雄雄赳赳，個個可靠；時時可用；把耀、淳、栒、宜、同五縣政治清理一下，把乖古的脾氣轉變，如此差可自慰矣！夫從容努力以赴之，詩的人生！

二月八日

寫完呈胡先生信一件，今晚由張冠軍送出，有稿。這兩天都到操場督練，因為班長不行，而每班人數又多，故在教練上連排長頗為吃力，進度因之亦生影響。

今天又送八件烟案到三原三七總部，共有烟三十餘兩，今日之淳化風氣太壞！土匪以販烟走私的方法來腐化我黨軍政人員頗生奇效，我誓必寢其陰謀。下午寫文廟升旗場白布橫額：「成功的唯一祕訣，就是要向艱難危險的方向通往邁進，不要錢，不怕死，腳踏實地苦幹。一定成功。」明天上午六時，準備掛出去，這是傳自校座的意旨。

差不多有七八天未讀書，可以說從到淳化以來，就未認真讀書，所以俗氣盎然！五六日來眼睛在凹陷之間，精神時衰時旺，我正在迴旋於衰敗之間！

二月十日

今天三時十分即醒，四時一刻至六時一刻寫〈致警備班官兵〉的一封信，付石印，準備明早派人分送各連官兵，惟印得太壞！

來淳化已二十七天整，日日屈指計算刻刻求工作之進步與加強，心算是進取的，惟事則未必能如意也，未必能如理想一樣進步也，此亦事理之當然，因為心與事常是矛盾而不和諧的，此矛盾而不和諧的原因，也許就是社會與人性的距離吧。

不和諧使之和諧！這是人類的欲望！我應當從源頭處來理解！來努力！

淳化副保長，今天開了會，帶著「耀、淳、栒盤查巡查守望暫行辦法」回去了，工作或能因此推進一些麼？我希望如此。

二月二十日

今晚晚飯後，差不多二三小時，終覺得肚子不舒服，飽脹，大有百病叢生之慨——原因就是——病不能治——保養身心要下工夫，身心如果老是如此下去，必將致命，不得善終吾之天年！此為「生」之本，不可不力為保養也。

下午二時點集訓營二三四連大兵的姓名，深覺他們之精神體格均好。

二月二十一日

晨四時起床，好好的刮了一個臉，精神頗好，交辦清人事情報，服裝糧食等問題。註〈齊物論〉到「小恐惴惴，大恐縵縵」止。

今天仍顯著覺得胃脹。工作要再加推進，要加速度，要在機巧上抓到中心。工作生活，把工作溶化在生活中！把生活引導回本性本能之活動，其庶幾乎？

二月二十三日

註〈齊物論〉自「其發若機括」至「至溺之所，為之不可復發之也」止。

昨接胡先生電勉，接漢傑兄信，亦有勉之意，要更加努力謹慎啊！

二月二十五日

今天精神仍極疲憊，惟上午十時至現在均辦公。

此時此刻的特點是亂世；而辭世的特點是「人心漓薄」！薄漓到公開的自私自利，不顧一些所謂「情義」。生當斯世，遇到這一群的人物，真是令我有點生「臨深履薄」之懼！與夫痛厭哀憐之感矣！這也是我之幸運吧？如果我今天不是扶病來擔當這「艱難的任務」我亦不會看得這樣清楚，感得這樣銳利！

今天由西安轉耀縣運到好步槍五百枝，力量又充實了不少，明天決定把集訓營武裝起來。

二月二十八日

今天為我「入世做人」的第二十二年的第一天，故用紅筆記此。我生於民國紀元前九年，癸卯歲之七月十三日，而於我父母生我之第二十一年上半年完結之第三天開始「入世做人」，到昨天晚上止，我已經走過了二十一年的人生之世途。

在此第二十二年開始的今天，我不覺為之怡然，我彷彿已撫摩到了「我的天心」我開始將人生真趣內向心尋求，我希望從今而後果然能夠猥依「天心」來繼此生之創造，來走完此生之途！

我應備先於知覺意識，通過自我的心系統，皈依天心！在極度和諧而輕微的心靈機械之彈震中，自然而然的發抒生命的活力，來創造詩的，神的晶亮聖生而欣悅愉快的人生！我衹是借此人間世上的為政與練兵的俗題，來發抒我生命的活力而已！

生之創造最需要堅忍與安詳，我應在皈依天心之生活下，力圖體力之恢復與健旺——自己生活，自己創作，自己消費，自己欣賞——沒有俗就沒有超；沒有兵就沒有寇，沒有庸俗自利就沒有人間，我生在此庸俗自利的人間，我便要對庸俗自利自私的言行及人物加以憐憫，我應該：容世於知，容人於心，容己於天。何必憤世？何必疾俗？更何必罵人？一切的一切，都知其所以然而然，都知其所存乎人間世上的原因，這就要——化昇化——這是詩人之所以為詩人，神人之所以為神人的原由呀！

三月七日

今天給天僇一封信，派人送出。

（上略）……對出此種鬼蜮手段，似不甚難，其首要在加強保甲工作。

今日已與土匪交綏，預計鬥爭的程度，將日趨激烈！事業就在此無情的鬥爭中完成。

此時節所處的環境頗為壯闊而有波濤，我就要在此時節此環境中，從容愉悅的來創造，來建設內容豐富的人生，如海鷲之掠波濤而盤旋，一樣的閒暇，一樣的清晶。

三月十六日

今天四時起床。

今晨三時許，土匪三十餘人攻我二〇九號二〇八號碉堡，此正是接守碉壘兩週月來，第一次來犯。我排長及士兵唐應發受傷，二〇九碉堡失而復得。漸漸已進入了流血鬥爭，務要殺開一條血路來走，築成一道軍政的國防陣線。我要以大詩人的心情、心力、風度來指揮這一複雜而機巧的鬥爭。

戰鬥，戰鬥，發怒和焦急要少，冷靜、週密、有力，是勝利的條件，再加速與機巧，勇敢與堅忍。

劍之魂兮！戰神之魂兮！決定此一鬥爭之命運。

我應該從容愉快的來創作這一首戰的史詩，把全生命的活力貫穿和流注在這史詩之內，心力呀！流吧！一瀉千里！決鬥是心力最湍急的流溢！組織，督促，準備，鬥爭。

三月十八日

土匪以為警備班是可以用詭對付的吧？這要給他一個苦頭吃；并要使他吃得綹目綹鼻，叫苦連天，從多方面展開鬥爭的鐵腕，務要打碎土匪的跳梁，把牠打得粉碎！

今晚調動四個連又一排出擊土匪據點十里源，佈置以來算是週密，但，這是我忠勇的警備班兵第一次出擊敵人，我希望我忠勇的將士能「旗開得勝，馬到成功」！

三月二十二日

據駐土橋之第七師二十一團情報，十里源之役，擊斃土匪頗眾：計傷團附一，死營長一，排長一，傷連排長七八：傷亡士兵百餘。心斯欣慰，惟我派人員尚未回報，不知果可靠否耳？

今天二時許即醒，一天精神萎靡困頓，是為到淳化後最疲憊的一天，不思飲食，睡亦不酣暢，不舒服，公事仍是辦的。但已覺精神與所事有極不相稱之感矣！眼皮凹得太厲害！太疲勞了！

四月二日

曉濂及子女輩今午返耀。

到淳化已八十天，此八十天的生涯頗為艱苦，亦多風波。現在土匪很起勁的在我陣線前面增兵，官僚官棍土豪劣紳——烟犯私梟，拚命的放冷箭，環境屬艱難！

靜下心氣來反躬自問，實在沒有授人以口實的地方。

腳踏實地，隱晦韜光，把力氣吸入到內心來，把將士的戰鬥力安置在「先勝」的基礎上。

我的感覺恐怕也有太敏感之處吧，是靈敏抑是過敏？

四月四月

由耀縣開拔接守碉堡已八十二天了，此八十二天的生活，表現出來我的「性格，風度，能力」。

我的性格是適於「艱苦環境」的，牠天賦的活力常常能對艱苦危險的境遇，發生準確有力的反應，這是「生」之寶。昨夜一覺醒後無意識的撫摩週身，心裏想，我真「瘦骨如柴」呀！心情為之震盪！

我要愛惜父母賦予我的身體啊！我要自己來救自己，自己救自己！真的！只有自己才能救自己！能救已陷於消瘦入於「症候嚴重」的自己啊！想來深覺悲涼！

四月五日

我今秉燭獨坐此斗室之內，我今在前後夾擊中奮鬥！

此時此刻（九時四十分）的心情，既急於求效，故甚峻陟。

此時此刻的天氣，風馳雨驟，既靜寂又熱鬧！天氣與苦心好像同在奏彈一樣的曲調，詩的心情，詩的生活！

註《莊子》〈齊物論〉「物無非被，物無非是，自被則不見，自知則知之」四句。

四月七日

今日發呈復省府「購糧」電一通，點八、九、二十五及鍾仕貴連官兵名額，及試射步槍，疲勞殊甚，以致反而生出亢旺不能休養的「生理現象」。由今晨五時起，一直做到現在（晚九時三十分）計工作達十六小時半。精神再降一格，為最近七日來最壞的一天！思維鈍澀，心緒亦散慢，坐思終不能成「理」，成「想」。

四月九日

把當然要來的一切麻煩困難，都當心照的而加以接受。翻然改變心情的波動，直截改變作風，蒙蒙茸茸，生意蓬蓬：晶晶亮亮，行乎流俗之上，行乎流俗之下。

把握要點，削去枝節，為而不居，用而不用，勇而不勇，窘而不窘，與時遷移，宛如游龍。不要怪人，不要厭世，人原來就是如此如此的，事也原來就是如此如此的。

凡事渾融一些，含蓄一點點，只此一點便可成仙！

四月十二日傍晚六時記

今天下午三時許，下定了擺脫的決心，內心極為鬆快！

這是我生命歷程的一個標記，需要用紅筆來珍重的記此。在今後六個月內，用打死仗的精神和氣力來恢復身體的健康，這是決定我今後的生命的決定大事！

四月十二日夜九時三十分續記

八時得先麟兄電話謂「可以到西安去」，十分快慰，當即發呈主席電，呈胡先生電，以全手續，我決定本軍由耀開拔守碉之三週月紀念日，動程東返，我祝福我五六年來一手訓練統帥的警備班的將士！我祝福我的將士勝利成功！

我終於要和我的將士分別了，想來實在是悲壯！我祝福，我祇能對他們祝福，我決定實行休息了呀！

人們的命運實在難於捉摸的，知識之在命運上，真是廢物啊！作用微弱之至！

我的心千迴轉！我的血熱沸而又森寒！我於今又踏上了我生命之途的另一階段，前面的將來，似近又遠，似暗又顯！我秉燭寫此心情，心中啊！有不知多少憧影，忽顯忽隱，忽隱忽顯，縵縵今又縵縵！我好像孤立在此天地之間，我傲視人間！

校後記

嚴靈峯

本集原題：《火焰的人生》，係趙龍文先生為梁先生所撰小傳而命名，現將原書改編，並補充致靈峯各函，加以重印；因改今名。幹喬幼年家境清寒，折節好學；及長，懷攬轡澄清之志，觀其所為詩、文，即可窺其人格。生平刻苦自勵，雖在顛沛困厄之中，軍書旁午之時，始終手不釋卷。襟胸坦蕩，雖久居下位，而有大吏之風。服膺　領袖，尤能身體力行；凡所任事則必劍及履及，悉心以赴。其一生言行，實足為革命青年之楷模。謀國之忠，待友之誠，與夫進德修業之勤，在朋輩中殊不多覯。與余通信，語多切磋匡勉，從未涉及個人利害苟且之事。至於誘掖後進，愛護人才，躍然紙上；夫言為心聲，幹喬於此，可以俯仰無愧矣！其操守之廉潔，處事之嚴正；固為人所共知也。無辜遭僉人之謗，竟一怒嘔血，馴至臥床不起；良可哀也已！信中所述連某，此人無行，武斷鄉曲；藉口「返閩從事救亡工作」，實則為己佈置立法委員選舉事務；故政府播遷來臺之後，即犯重案而逃亡海外去矣。幹喬非無知人之明，竟許其為「血性之人」，蓋君子可欺，小人道長；祇以肝膽照人，遂有此失耳。陳君蘊山乃臺籍青年，當時落魄後方；憐其境遇，特為推介，冀其對本省抗日有所貢獻；不意知難而退，後亦不知所終。另一臺籍人士在南京時，幾無隔宿之糧；以後命其抵閩策動臺灣內部工作，亦毫無表現；此輩流浪之徒，衣食是謀，大率言過其實；原不足深責。竊以幹喬具連抱之材，知敵情偽之深；儻在人間，今日必蒙大用；「不幸短命死矣！」享年僅四十有三。壯志未酬，妻子落入虎口，生死莫卜；天之報人固若是之酷耶？幹喬與余二十年道義之交，精誠無間；「人之相知，貴相知心」；有以也夫！俞季虞、周天僇俱係留俄同學，季虞於民國三十八年一月二十七日乘太平輪由滬來臺，全家罹難；天僇亦於上海淪陷不久，以細故在法租界寓所被其族侄所戕。是皆志節堅貞有為之士，竟皆不得善終。人生到此，天道寧論！眷念故人，風流雲散；欲求取善輔仁，推心置腹之人，直如鳳毛麟角。校讎既畢，悲自中來，更不知涕泗之何從也！

中華民國五十四年十二月十二日

靈峯校後記於臺灣省之臺北市。

增補

回憶與展望

梁幹喬

革命給予了我們的時代以至豐富的內容，使我在過去簡短的生活過程中，經驗到了許多平時所不能經驗到的事物現象，這對於我今後的政治生活上，是有其不可磨滅之價值與意義的。現在我以至誠懇和忠實的態度來敘述和綜合那些經驗的任何部分。

當一九二四年春天，我初從松口鄉村跑到廣州的時候，正是發源於五四運動的新思潮流注到廣州的時候，革命的潮流震撼著每一個新時代人們的心旌，偉大的變革時代已隱現在我們的前面了。國民黨的改組給予了我以極度的興奮，革命終於把我提上了實際爭鬥的道路——我於是年考入黃埔陸軍軍官學校。黃埔陸軍軍官學校之創立，其在中國革命歷史上所佔有的地位，是不亞於一九一一年武昌起義的，這在今天已經成為不可爭辯的事實了。但它在革命歷史上所佔有的重要地位，並沒有消滅或減輕其本身所包含的兩重性。在黃埔軍校的同學中，並存了兩種不同的倫理觀念與兩種不同系統的政治思想。這兩種觀念和思想基於同一的特性——政黨的獨佔性與排他性——發生了不可調解的爭鬥，爭鬥的翼翩每一次打擊著我底思想的全部。然而，它對於我的意義，可不是積極的提高政治思想，而是消極的啟發了求知慾望。我是基於求知慾望應中央黨部之考而由中央部派送赴莫斯科的。

去國之前，我是以一個政治的小學生看待自己的，對於一切政治的事件，只發問題，不作答案；因此，我亦沒有參加任何一種團體（公開或半公開的）的活動。我只以一種極單純的概念——復興中華民族與實現三民主義——通過了在黃埔軍校的學習時間與參加了一年的實際戰鬥。

嚴格說來，我底積極的「黨的生活」，是在莫斯科留學時代才開始的，惟在當時，政治的活動，是密切地依附在學術研究上進行，這種特殊的生活情形，正式決定我今天「政治轉變」的最遠的環境。當我在留學莫斯科時代（一九二六－一九二七年）正式革命高潮迅速擴大與高漲的時代，革命的勢力從珠江發展到揚子江與黃河，北伐軍垂手奠定了武漢。毫無懷疑的，此種迅速改變的政治形勢，是左右了當時一切人們的願望及其對於生存之態度的。在蘇俄的造謠欺騙與不健全的理論暗示之下，我對於中國革命的實際情形，作了一個極幼稚的估計。我以為中國的革命是不應該，而且也不能停止在民主革命之階段上的，而中華民族應在澈底反對帝國主義與掃除舊存力量的條件下去爭得生存。而民族生存的意義，又必然要以提高佔有人口極大數量的工農生活做它的內容，這種任務只有無產階級才能實現。我抱了這樣的政治觀念加入聯共為候補黨員，同時我又以同樣的觀念無情的反對第三國際，聯共和中共對於中國革命所取的態度及其所選擇的戰略。迨寧漢分裂之後，我認為中國革命已經失敗了。為什麼會失敗呢？我當時答案是：「致中國革命失敗的主要原因，不是由於客觀上遇到了必不可戰勝的困難，而是主觀上第三國際與中國共產黨錯誤策略所產生的結果」。這種估計是與中國的實際情形毫無相似之處的，然而，它竟推動了我在莫斯科的鬥爭和決定了我回國後三年來的行動。積三數年來實際的血的經驗，才把我從迷惘中引導了出來。下面我將至誠懇與忠實（這種誠懇與忠實，不特對黨對國應該有的，即對我自己亦應如此的，我決不說一句欺騙自己的話）來敘述在莫斯科時代與回國後三年來的思想行動及所得的經驗教訓，以獻給愛我的師友並全中國的青年。

※　※　※

莫斯科鬥爭的經驗，一方面使我深切地認識了第三國際對於革命，（特別是對於中國革命）的基本態度及其所揭櫫的共產主義的本質；而另方面使我學習了應付共產黨及共產黨所造成底環境的方法。這些經驗在今後我的生活過程中，必然會有一個時候發生作用的。我今後必然有機會把我的血寫成反共的論文。

政治雖然不是陰險詭計的代名詞，但，陰險詭計常是伴著政治而存在的。第三國際就是蘇維埃俄羅斯國家對世界其他各國的一個陰謀機關。推動第三國際敲中國之門的動機，絕不是為援助被壓迫民族的革命，為中華民族之生存，而是「西方政策」失敗以後的冒險行動。關於這點，在了解第三國際對中國革命的態度上是非常重要的，從理論的觀點上，永遠也不能了解中國共產黨為什麼能夠為苟延殘喘於今天和第三國際對中國革命所盡的破壞作用。

起端於一九二四年的蘇聯共黨內部的所謂中央派與反對派的鬥爭，實際上史達林與托洛斯基奪取蘇維埃政權的爭鬥，而其表現於理論上與政治意見上的議論，只是用以奪取黨的群眾與獲得國內外同情的花樣吧了。關於這點，我們可以從中央派與反對派對於中國革命問題的爭論態度上得到證明。當一九二七年武漢政府時代，中央派與反對派對中國問題的爭論是以對付「中國革命的策略」做樞紐的，至於關於中國社會本質的討論，只是為其所主張之「策略」作解釋和辯護。當時中央派的中心策略是聯合左派（汪精衛、鄧演達派）建立超民主主義的革命的工農獨裁政府，而指使中國共產黨利用工農獨裁政府而澈底實行土地革命，當前的政治任務是繼續北伐。這種策略之得以實現是必需以下列的條件做基礎的：一是汪精衛能夠在共黨支配之下實現土地革命；二是中國共產黨的本身能夠掌握工農民主獨裁政府的權力；最後，則應以中國的實際社會情形和革命的環境能否維持工農政府的存在為先決條件。這點是非常重要的。托洛斯基首先以不斷革命論的觀點提出其建立蘇維埃組織紅軍的策略以與中央派的工農民主專政的策略相對抗。他認為中國社會經濟的特性及當時革命所遭遇的緊急環境（國際的與國內的）沒有由共產黨「獨立政策」所建立的強有力的蘇維埃政權作保證，革命必然是歸於失敗的。他主張第三國際應立即給予中國共產黨以一個建立蘇維埃政權與創立強大紅軍的任務，以兩重政權的形式支配與監視武漢政府的行為，而以武裝工人與直接實行土地革命的條件去充實蘇維埃的力量，去指揮和改變武漢政府，逼迫其迅速過度到無產階級專政。然後以無情的國內戰爭掃蕩國內的舊勢力，集中一切力量與帝國主義作決死的爭鬥。他指出汪精衛的本質及其對於南京政府間的深切關係，同時更竭力指摘陳獨秀領導下的中國共產黨之無能，他認為陳獨秀在當時所提出的「先發展然後深入，繼續北伐，打倒北京再說」的戰略，足以斷送革命而有餘，而陳獨秀本身只是一個急進的資產階級的學者。他不相信陳獨秀能夠應付當時的艱鉅環境，然而，他（托洛斯基）的結論只是加強第三國際對於中國共產黨的實力領導！史達林，布哈林一派以托洛斯基反對繼續北伐為出發點，譏笑他是張作霖的參謀，同時更證明汪精衛是革命的唯一領袖，武漢政府是唯一革命政府，馮玉祥是工人級階出身的將軍，唐生智是曾經發表過宣言「竭誠擁護革命的」。他們（史達林布哈林）極力反對建立蘇維埃政權，他們以為蘇維埃之建立便是不信任武漢政府的表示，不信任革命的武漢政府是反動的，所以他們對托洛斯基所提出的策略後面，批上了一行極小的草字——「反革命的文件」。然而，歷史終於以極正當的方法教訓了一切的人們。

在中央派和反對派兩種對於中國問題的政治主張中，我根據當時對國內革命實際事實的估計，同情於反對派。同情反對派便決定了我在莫斯科時代所遭遇的命運。在某一時期（一九二七年二月到十二月）史達林派儘量應用對付米留柯夫，對付克倫斯基，對於社會革命黨的方法，（即他們自誇自耀的所謂列寧主義的方法！）對付反對派。孫文大學的學校機關，聯共支部和青年共產黨支部一致結成了極嚴密的網，準備一網打盡「吃了蘇俄的麵包又反對蘇俄」的中國反對派。他們組織了調查隊和「打手團」，準備在調查屬實（！）的時候，便下格殺的命令。孫大教育長波烈古也夫不止一次叫我到他家裏去，在每一次到他家裏去時，他必然出示他底手槍並且很傲慢無禮的說：「政府及黨給予了我以任何時候槍殺反革命的權力，但我終希望無需執行此種任務啊，羅斯托茨金！」（羅斯托茨金是我在孫大的俄文的姓）很明顯的，波烈古也夫之企圖以手槍的權力消滅中國學生反對第三國際與蘇聯的運動是必然的，但他的「手槍政策」卻沒有受到絲毫的實效。中國革命的事變振起一般同學的精神，反抗第三國際和中共的情緒一天天在同學們的心坎中加重起來了，在任何一種集會，在任何一間教室中，都在激烈的爭論著。所謂聯共的一般「忠實同志」，如陳紹禹，張聞天，秦邦憲，沈澤民之流，在激烈的爭論之前，完全表現出軟弱與無力的情態。經聯共十五次全國大會各小組討論會的爭論以後，一般同學反抗第三國際與聯共的熱潮達到了最高的限度。然而這種情形，正是我們的生命將陷於危險的信號。經驗告訴我們，在聯共的「理論鬥爭」失敗之後，必然要採取充軍和禁閉的「有效手段」對付我們。要拯救這種危機，退縮與讓步是不中用的，只有把事件提出在國際的限度上始能遏止「打手團」的活動，始能減輕或改變聯共及其政府對於我們的放逐陰謀。於是在蘇聯十月革命十週年的紀念會中，我們舉行了一次中國學生反對第三國際，反對聯共和中共的示威運動。示威運動激起和加強了史達林派對我們的痛恨和處置我們的決心，但我相信，在每一次他們為處置我們而選擇方法的時候，必然要受國際信義之苦悶與威脅的。祕密流放北冰洋與指使「打手團」暗殺的計畫，在國際信義威脅之下，史達林的鐵腕也難採用了，我們的命運只有被逐返國的一條道路。

我們在示威事件發生後的第五天，便被驅逐離開莫斯科了，在五天中，我們受到了無數次的侮辱恐嚇與幾度的鞫訊。第一次的鞫訊是在學校辦公室舉行的。參加這次審判的黨官除米夫（校長）波古烈也夫（教務長）和聯共孫大支部書記外，尚有陳紹禹，李竹聲，卜世畸三位「忠實同志」。他們很兇暴的把所謂「列寧底黨的紀律」申說了以後，一定要我們供出指使我們暴動（據他們說是暴動！）的主人，米夫以嚴厲的聲調質問我說：「羅斯托茨金，請你明白的告訴我，指使你煽動孫大同學暴動的是誰！是蔣介石？還是托洛斯基？你們的目的是什麼？是存心推翻蘇維埃政府呢？還是企圖侮辱第三國際？……」米夫的話還沒有完，站在米夫後面的陳紹禹便站起來獻殷勤了，他說：「據我看來，梁幹喬在十一月七日所犯的錯誤，絕不是偶然的，而是有系統的破壞黨，破壞蘇維埃國家的犯罪行為，現在黨部已經把他們開除黨籍了，我提議用蘇維埃的法紀來懲治他們。」陳紹禹的說話雖然怒氣繞樑，但，它卻不能使我覺到恐怖，我高聲回答他們：「我當然明白，在權力高壓之下，是無所謂真理的，今天我可不願意多所申辯，但是，我必需指出：陳紹禹的提議是一種最無恥的權力的濫用，他的提議不特侮辱了我們，而且將喪失蘇維埃國家在國際上的信譽，我此刻無法避免陳紹禹的侮辱，然而我永遠也不能承認陳紹禹的提議是合乎人道正義的行為。至於推動我參加示威的主人，既不是蔣介石，也不是托洛斯基，而是中國革命的血的事實，是出於我底良心的驅使。我決不辱沒我的良心，然而，我也不希望任何人曲諒，我更不希望恢復黨籍，我只請諸位注意第三國際與聯邦政府在國際上的信譽，不要以非人道的手段來摧殘離國三萬里，已經失去了任何生命保障的青年學生。」審判經過激烈的辯論終結了，然而，我們受鞫訊的命運還沒有過去。第三天下午，我們（除四個中國學生外，尚有愛撥斯坦教授也是以反對派的嫌疑受開除黨籍之處分與鞫訊的）被送到聯邦共產黨莫斯科區委員會。在委員會的辦公室中，坐著了五個年逾半百的黨官。我們坐在他們的前面，有一條長桌做了我們和他們中間的鴻溝。他們逐一問過了我們的年齡，籍貫，出身之後，接著便不由分說高聲誦讀黨部對於我們開除的決議。決議讀畢以後，他們把預先填好了的開除黨籍的通知書交給我們。辦公室中靜寂到和世界失去了熱力一樣，我們帶了一個歷史的疑問從辦公室中退了出來。那時正是下午五句鐘的時分，沙可夫教授受了托洛斯基的囑託在門口等候我們。我們抱著滿腔的熱誠向托洛斯基的住家走去。

托洛斯基的事業，曾經震撼過全世界人們的心旌，他對於中國革命所提出的主張與路線，曾經作了我過去幾年的政治生命，然而，他所抱持的偉大思想終於吸引不住今天的我，這是我的罪過嗎？我不敢有負我的祖國啊，我是生長在經濟落後國家的一個中國人！

托洛斯基用他的畢生的歡欣來接待我們，他辦公桌上的兩架電話機好像是在告訴我們，他的生命是散佈在廣大的區域中活動著的，他經過電話的機能指揮著千百萬人們的行為。然而，他的飛躍的政治活力並沒有掩蔽了他所遭際的運命，史達林正在計畫利用十五次大會的名義驅除他的政治上可怕的敵人。我們互相寒暄以後，把問題用下面的三個形式提了出來：一，據我們看來，蘇聯的反對派在十五次大會中已經不可能得到勝利了，中國革命又陷於完全慘敗的境地，你將怎樣應付此種險惡的環境呢？二，根據目前中國的實際環境，中國革命的最近將來會來什麼一種前途？三，第三國際在過去中國所造成的中國共產黨，已經被事實證明不足以擔負中國革命的重大任務了，我們是否需要重新組織一個政黨呢？我們回到中國以後將怎樣開始我們的工作？托洛斯基的回答是非常簡單與扼要的。他說：「你們今天以中國革命青年的資格對我提出具有偉大歷史意義的問題，此種情形，使我回想起在二十年前我們亡命歐洲時代謁見考茨基的情形。考茨基之在當時，正是一個熱心於俄國革命的國際主義者，他後來對俄國革命所持的反對態度，使我時常感受到歷史的滑稽意味，但，我們所處的時代與我們對於革命的信心，是足以保證我們永遠站在同一戰線為偉大的革命事業奮鬥的，在你們將來回憶中，一定不會留存在任何的缺憾。（!!）

「世界革命到來的遲緩與由俄國經濟發展所造成的特殊環境，使叛徒們（史達林派）有暫時活躍的可能。然而史達林派的統治，是不能作為歷史之整段過程的，在不久之將來，俄國以至於全世界的工人階級必然能從最深切的部分來瞭解我們，接受我們對歷史所下的診斷。革命是不會因反動而停止的，我們必然有光榮的前途。至於中國革命最近的前途問題，因為我對它沒有詳盡的研究，因此，我只能從一般原則上指示出最近將來可能的前途。不管第三國際的領導者怎樣掩蔽事實，但中國革命是失敗了的，反革命的形勢代替了革命形勢而統治著整個的中國。雖然擺在他們前面的困難有可能傾覆他們，但由國民黨政治上的勝利將使中國有一個經濟發展的前途。中國共產黨在可恥的領導之下以最悲慘的形式潰敗了，這是使國民黨的統治穩定一個主要的條件。根據這種前提，你們回國後的工作，應該站在大革命失敗的經驗上和馬克斯主義的立場上解釋革命失敗的原因，利用一切社會事件與剛被擊敗的工人群眾重新發生聯繫。只有提出民主的口號才能抵抗國民黨之壓迫進攻，只有站在大革命失敗的經驗上才能回復共產黨的生命。至於是否需要我們重新組織政黨的問題，這是要看中國共產黨的態度行為與實際的形勢去決定的，將來或許有此種前途，現在可無需此舉。」托洛斯基以怡悅而莊嚴的神色結束了他的說話，我們冒著風雪走過了一道燈光慘澹的長街。回到學校寄宿舍。

我們祕密謁見托洛斯基的消息加快了我們回國的時期，在謁見托洛斯基的翌晨，教務處發給了我們每人一百個盧布，四十枚美金，要我們在當天晚上乘遠東列車離開莫斯科。「好的，離開莫斯科，離開史達林長靴殘踏下的孫大。」我們並不是高興，而是憤怒，不是遁逃，而是企圖在遠東高樹起反對史達林派的義旗！然而，他們是這樣輕易把我們送回中國麼？在我們七個同學心中都存在了這樣的一個懷疑。我們的懷疑終於在海參崴得到了事實的答覆。原來在史達林派送我們回國以前的一星期，已經把廣東政府派到莫斯科的一批飛機師派送到海參崴了。他希望借中國政府的刀斬殺他所痛恨的仇人！

當遠東列車抵海參崴時，海參崴黨部派出了兩個幹員來守候我們。他們要立即把行李搬上開赴上海的輪船上，即晚離開俄境。在野蠻横暴的權力壓迫之下，我們在旅館中休息了三小時後便和行李一齊被押上了輪船。在船上頭等房中已經住著了六七個類似學生的粵籍青年，我和楊華波、林愛民三人只好和水手讓出三個床位權把行李安下。在船將啟碇的時候，看守我們的人員把我們招呼的那些青年的房中，以沉重的聲調說：「先生！這三位是最壞的共產黨員，路上請你們留意招呼！」當時，我們還不明白那些頭等房中住著的是什麼人，以後談起，才知道是廣東政府派往莫斯科的官員！我們的憤怒恰如日本海的浪潮一樣洶湧無邊，在我們的記憶中永遠也蕩漾著那種無恥的陰險事件的波瀾。然而，事實終沒有實現史達林借刀殺人的願望，我們終越過了一切的陷井平安歸到了故鄉。

※　※　※

偉大的時代必然有複雜的思想運動充實它的內容，中國共產黨之腐敗軟弱產生了反對派的運動。反對派是滙合國際與國內的新思想凝結成的，它的基礎是建立於一九二七年大革命的經驗教訓之上。然而，中華民族復興的怒潮終於摧毀了它的根苗，歷史以最輕薄的態度對待了反對派。反對派在今後中華民族復興的過程中，是沒有它的地位的。

嚴格說來，中國左派共產主義反對派是在一九二八年冬天才開始活動的。反對派於此時召集了第一次的全國大會。出席大會的代表，大都是初從莫斯科歸國的孫大同學。最初的一次會議，我沒有參加，我是在會議之後才到上海的。我到達上海之後，大家的意見要重新開會，於是我們便在陸一遠家裏一連討論了三天。在三天中，我們曾產生了政治綱領的決議和選出總幹事會。惟當時政治決議的內容以及總幹事會所具的權力，還是帶了十分濃厚的大學生研究小組之性質的。因為政治綱領是由我起草的原故，以後使我每一次想到時都感覺到極度的不安和慚愧。的確，當時我們對於現實政治狀況的估計及所取的對策實在太幼稚可笑了。會議完畢以後，按照各個同學的籍貫即授予創造與指導該地方反對派工作的權力和任務。我和幾位廣東籍的同學大會後即回香港。

我們回到香港之後，即設法進入工廠，企圖籍此以理解現代中國工人階級的意識形態及其對於生存的態度。事實沒有令我們失望，在我們進入工廠以後的五個月間，已經在太古船廠組織起了一個支部三個小組，其他各主要工廠的支部亦相繼創立起來了，我們根據自己的政治主張去教育他們。然而，事實終於極準確的尺度測量了現代的中國工人。在中俄糾紛事件暴發之初，太古船廠中發生了一種工人群眾的爭鬥事件，爭鬥是由工人反抗廠主和工頭的剝削和虐待而起的。事件因警察的活動帶上了濃厚的政治鬥爭的色彩，中俄糾紛事件更提高了工人群眾反帝國主義的情緒。反對廠主與工頭的我們當時以為典型階級鬥爭的事件，終以反對蘇俄進攻中國結束了，經驗又教訓了一次我們。事實告訴我們：現代中國工人的階級意識是非常薄弱與模糊的，在民族意識支配之下，階級爭鬥的旗幟絕對展佈不開來。現代中國工人階級所具的力量，絕對不能發生獨立的作用，建議蘇維埃政權只是共產黨的政治企圖，絕不是中國工人階級對於政權觀念的表現。這種經驗的啟示，根本動搖了我對於在中國實行共產主義的信念，根本動搖了我對於一向所持的反對派以無產階級領導革命的政治主張。然而，我為什麼當時不即拋棄反對派呢？這是我現在要公開回答的問題。當時帶有血跡的事實雖然動搖了我對於共產主義，對於無產階級的信念，但我仍舊以兩個假定支持了我兩年來的行為。我的假定是這樣提出來的：假如無產階級能夠得到健全的政黨之領導與具有廣大數量農民的援助，又是否能夠在中國目前的革命階段上發展歷史的作用呢？從一九二九年八月到一九三一年五月的我，是為求得此種答案而生活的。

反對派第二次全國代表大會決定於一九二九年八月召集，我於大會開會之前兩星期到達上海。當時，反對派的情勢，已經從大學生的研究小組再進了一步了，從天津，北平，香港，蘇州，上海各級組織中推舉了參加大會的十四個代表中，有五個是產業工人，所代表的人數在二百以上。久已沉迷於無出路的政治死谷中的陳獨秀及其黨徒，也因為反對派運動的刺激而企圖重新進出政治爭鬥的道路。反對派的旗幟，拯救了陳獨秀。在大會將開幕之前，陳獨秀以服從反對派的主張為條件要求派代表參加大會的提議，經過了多次的談商，終為多數的代表所拒絕。大會依照預定的程序在旅館中開了五天的會議。大會對於政治形勢的估計發生了劇烈的爭論，在爭論的過程中，已經隱伏了以後分裂的根苗。

大會雖然給予了爭論以一個結束，雖然產生了有十三個人參加的執行決議的機關——總幹事會，但，大會的決議和總幹事會的權力已經不足以阻止分裂形勢之擴大了；劉仁靖，宋逢春首先以「十月」的旗幟宣佈與總幹事會脫離。以後，以陳獨秀為領袖的「無產者社」和以東方大學學生為基礎的「戰鬥社」亦相繼出現了。反對派已陷於四分五裂的境地而無法再向發進。此種形勢，一直延長到一九三〇年九月接到國際反對派與托洛斯基來信時，才開始反對派的運動統一。

反對派的分裂和各派對於我的攻擊，反面的給予了我以一個研究學術和融化從事農民運動（一九二八年我曾繼彭湃之後做了三個月東江特委書記）實際經驗的機會，我以實證的材料，開始「農民問題」的分析與探討，希望籍此解答我在香港工人運動中受到經驗教訓以後，所提出的假定即無產階級在具有廣大數量的農民援助之下，是否能夠在革命現階級發生歷史作用的問題。這個問題就是農民在中國革命過程的作用問題。

關於中國農村經濟的本質與農民在革命中的作用問題，是反對派和中央派間劇烈爭論的一個重要問題。中央派以封建統治中國農村的認識而出發的「農村革命為中國革命現階段主要內容」的估計及其所採的對策，是必然以瘋狂暴動結束其政治生命，這是毫無疑義的。同時，反對派以無產階級之領導為解決農民問題的主張，亦絕對的不能實現。基於中國農村經濟而決定的中國農民，其在現革命階段的作用，只能是消極的帶有濃厚破壞性的擾動。無產階級所具的力量固然不能領導農民以達到「土地革命」澈底完成之途，而具有廣大數量的農民亦不能以其消極的作用援助無產階級，使它能夠戰勝其本身所具的弱點而發生歷史作用。以工農聯盟而達到社會主義的變革企圖，是沒有前途。問題狠肯定的答覆了我對於農民援助無產階級的假定。

我所處的環境好像是瞭解我的意志一樣，在我從研究中回答了一個政治假定以後，接著又給我以試驗另一假定——在最健全的政黨領導之下，是否能夠使無產階級在革命現階段發生歷史作用——的機會，這就是反對派統一運動的整部過程。

一年來反對派的分裂教訓了每一個參加反對派的人們，這就是使國際反對派和托洛斯基的來信發生力量的原因。國際反對派和托洛斯基對中國反對派的提議，產生了反對派的統一運動。我參加反對派統一運動的結果，打破了我對於建立健全的政黨——在共產主義之基礎上建立健全政黨的企圖。在反對派的統一運動中，直接間接參加反對派的人們給予我的教訓實在太多了，在某種意義上，我非常感激那些完成了我「政治轉變」的人們。

我非常明白，一個政黨建立的過程是不能以短少的時間去計算的，而政黨的自身，根本是血凝結成的模型。然而，這種困難的事業絕對沒有恐嚇我對於使用生命的忠誠，在某一時期，我是準備以所有的精力和熱血去塗染共產主義之旗的。今天的政治轉變並不是愛惜精力和熱血的表示，不是怕死的表示，而是受了實際經驗的教訓，受了三民主義洗禮後必然的行為。我不歡欣，也不悲痛，我準備以最鎮靜的態度來聽取今後我底熱血的奔流！

反對派的統一運動把一切參加反對派的份子都集中起來，各派與各派幹部分子俱希望在統一運動中完成最高的（在某種意義上也可以說是最卑鄙的）政治企圖。當時存在在各個反對派中間的形勢，大略是如此的：在政治原則上，各派都沒有絲毫的不同，但在每一件至小的問題上，也塗染上了各種色素的願望。在統一運動的過程中，赤裸裸的暴露出一切幹部的政治認識和理想內容。然而，我卻沒有看見一種鮮明的足為建立健全無產階級政黨的要素。

我開始對於自己表示懷疑！對於建立健全政黨的願望表示失望！的確，那些反對派幹部的思想內容及其行動的表現是使我懷疑，使我失望的，然而，它並不是偶然的現象，而正是現存的無產階級力量的反映，是抱了純粹的共產主義理想的人們落到中國現實環境上必然發生的心理現象。一部共產黨的歷史正是思想與行動相矛盾的歷史。抱了高尚理想而出現於中國社會的反對派運動，出人意料之外走上了中國共產黨所曾經走過的舊路。人們的熱誠是不足以改變歷史運行的方向的，能夠擔負中國革命偉大任務的只能是以三民主義為內容的中國國民黨。

反對派的統一大會，終於在各派經過長期的鬥爭之後實現了。在大會將開幕之前一天，陳獨秀以個人的名義寫了一封信給各派參加大會的代表，信的大意是說：「我（陳獨秀）提議梁幹喬和我（陳獨秀）最好不參加大會，因為這樣是更能夠表現統一的精神和意志的……」當然看見這封信時，好像讀了一部中國共產黨史一樣，腦海中充滿了齷齪和卑污！

歷史終以慘酷的形式結束了中國左派共產主義反對派的生命。

※　※　※

人們對於歷史的態度愈是倔強，而歷史給予人們的教訓也愈是深刻與可靠。積三年來血的經驗和教訓，造成了我對於三民主義之堅強信仰。三民主義就是我今後的政治生命，我將在中華民族復興之前表示我對於生存，對於國家，對於人類的態度。

原刊於《蘇俄評論》第一卷第三期（民國二十年十二月一日）

血歷史180　PC0924

新銳文創
INDEPENDENT & UNIQUE

從「托派」到軍統特務：梁幹喬的跌宕一生

原　　著　梁幹喬
選　　輯　趙龍文
主　　編　蔡登山
責任編輯　尹懷君
圖文排版　楊家齊
封面設計　劉肇昇

出版策劃　新銳文創
發 行 人　宋政坤
法律顧問　毛國樑　律師
製作發行　秀威資訊科技股份有限公司
114 台北市內湖區瑞光路76巷65號1樓
電話：+886-2-2796-3638　傳真：+886-2-2796-1377
服務信箱：service@showwe.com.tw
http://www.showwe.com.tw
郵政劃撥　19563868　戶名：秀威資訊科技股份有限公司
展售門市　國家書店【松江門市】
104 台北市中山區松江路209號1樓
電話：+886-2-2518-0207　傳真：+886-2-2518-0778
網路訂購　秀威網路書店：http://store.showwe.tw
國家網路書店：http://www.govbooks.com.tw

出版日期　2020年5月　BOD一版
定　　價　400元

國家圖書館出版品預行編目

從「托派」到軍統特務：梁幹喬的跌宕一生 / 梁幹喬原著；趙龍文選輯；蔡登山主編. -- 一版. -- 臺北市：新銳文創, 2020.05

面；　公分. -- (血歷史；180)

BOD版

ISBN 978-957-8924-96-3(平裝)

1. 梁幹喬　2. 傳記

782.886　　109005356

讀者回函卡

感謝您購買本書，為提升服務品質，請填妥以下資料，將讀者回函卡直接寄回或傳真本公司，收到您的寶貴意見後，我們會收藏記錄及檢討，謝謝！如您需要了解本公司最新出版書目、購書優惠或企劃活動，歡迎您上網查詢或下載相關資料：http:// www.showwe.com.tw

您購買的書名：________________________

出生日期：________年________月________日

學歷：□高中（含）以下　□大專　□研究所（含）以上

職業：□製造業　□金融業　□資訊業　□軍警　□傳播業　□自由業

□服務業　□公務員　□教職　□學生　□家管　□其它_____

購書地點：□網路書店　□實體書店　□書展　□郵購　□贈閱　□其他

您從何得知本書的消息？

□網路書店　□實體書店　□網路搜尋　□電子報　□書訊　□雜誌

□傳播媒體　□親友推薦　□網站推薦　□部落格　□其他__________

您對本書的評價：（請填代號　1.非常滿意　2.滿意　3.尚可　4.再改進）

封面設計____　版面編排____　內容____　文／譯筆____　價格____

讀完書後您覺得：

□很有收穫　□有收穫　□收穫不多　□沒收穫

對我們的建議：________________________

____

____

____

請貼
郵票

11466
台北市内湖區瑞光路 76 巷 65 號 1 樓
秀威資訊科技股份有限公司 收
BOD 數位出版事業部

（請沿線對折寄回，謝謝！）

姓　　名：＿＿＿＿＿＿＿＿　年齡：＿＿＿＿　性別：□女　□男

郵遞區號：□□□□□

地　　址：＿＿＿＿＿＿＿＿＿＿＿＿＿＿＿＿

聯絡電話：（日）＿＿＿＿＿＿＿＿（夜）＿＿＿＿＿＿＿＿

E-mail：＿＿＿＿＿＿＿＿＿＿＿＿＿＿＿＿